니체의 위대한 자유

니체의
위대한 자유

Friedrich Nietzsche

프리드리히 니체 지음
우르줄라 미헬스 벤츠 엮음
홍성광 옮김

열린원

Nietzsche für Gestreßte by Friedrich Nietzsche
Ausgewählt von Ursula Michels-Wenz © Insel Verlag Frankfurt am Main 1997

이런 종류의 책은 통독하거나 낭독하기 위해서가 아니라
책장을 펼치기 위한 책이다.
말하자면 산책 중이나 여행 중에 말이다.
우리는 머리를 안으로 들이밀었다가,
다시 자꾸 밖으로 내밀 수 있어야지,
자기 주위에서 익숙한 것을 찾아내서는 안 된다.

— 프리드리히 니체, 『아침놀』 —

우리가 선택한 제목인 『스트레스를 받는 사람들을 위한 니체』(원제)는 언어적 관점에서 보면, 당시에는 '스트레스'라는 단어가 없었기에 시대착오적일 수 있으며 니체에 대해 잘 모르는 사람들에게는 내용 면에서 역설로 보일 수 있다. 니체가 바로 일반적으로 실현 불가능한 '초인'을 향한 엄청난 노력을 요구함으로써 스트레스에 빠뜨리는 요인들을 더욱 강화하지 않았는가? 그렇지만 철학자를 슬로건과 반쪽짜리 진실에 따라 판단하지 않는 순간, 위의 두 반대 의견은 쉽게 대치될 수 있다.

물론 니체는 19세기 후반에 스트레스라는 단어를 사용하지 않았다. 그 말은 우리 시대에 와서야 통용되는 개념이다. 그러나 니체는 이 용어가 의미하는 바를 가장 가혹하게 견뎌야 했다. 특히 어린 시절과 청소년기에 외부로부터 과도한 압력과 지속적인 요구, 자포자기에까지 이르는 더없이 엄격한 행동 규범, 신체적이고 정신적인 억압을 견뎌야 했다. 사실 그는 남들이 자신에게 기대하고 요구한 것을 성취했을 뿐 아니라 그것 자체를 옳다고 여겼기에 믿어왔던 도덕 틀 전체가 빈말로 판명되었을 때 더욱 실망하였다. 자신에게 행동의 기준이 일평생 얼마나 높은 상태로 있었는지는 "내가 살아가려면 천사가 되어야 한다. 그러나 너희에게는 그런 가혹한 조건이 없지 않은가!"라는 그의 유고에 적힌 메모에서 잘 알 수 있다. 어떤 의미에서 그의 철학은 도덕적 요구를 내세우면서 스스로는 그렇게 살지 않은 사람들을 가차 없이 청산하는 것으로 이해된다. 따라서 니체는 시종일관 자신을 '비도덕주의자'라고 불렀다. 물론 이 말은 그가 보편타당한 가치를 뒤집고, 삶을 위해 선과 악을 새로이 정의했다는 것 외에 다른 아무것도 의미하지 않는다. 그러나 그의 노력을 급진적 주관주의, 심지어 허무주의로 왜곡하는 사람들의 오해는 이런 사실을 근거로 삼는다. 니체는 무릇 살아서 생동하는 것의 가장 강력한 옹호자가 되었다.

그는 병을 일으키는, 오늘날 우리가 스트레스라고 부르는 부담을 받고 있었다. 이는 스스로 부과한 과제에 대한 준비와 기쁨으로 인해 활력과 힘을 불어넣는 동기부여 스트레스와는 반대되는 것이었다. 누구나 스트레스 없는 삶이 불가능하다는 것을 알고 있다. 하지만 그러할 필요가 없는 조건에서 느끼는 과도한 긴장은 생명력을 심각하게 약화하고 결국에는 파괴할 수 있다는 것 또한 알고 있다.

이러한 철학적-심리적-생물학적 영역에서 니체의 통찰력은 진정 효과와 자극 효과를 모두 가지고 있다. 니체는 자신이 공식화한 것을 몸소 경험했다. 그것은 머리에서만 생겨난 지혜가 아니므로 모순도 발견될 수 있다. 일반적으로 현실이라고 불리는 인식 과정에는 모순이 없지 않고, 더구나 논리적이지도 않기 때문이다. 그때마다 삶의 상황이 주는 부담에 대처하기 위해 철학자는 독자에게 먼저 그리고 무엇보다도 자신을 강한 인격으로 키우라고, 심지어 경우에 따라서는 자발적으로 삶의 짐을 늘리라고 조언한다. 이는 즉 자신을 편하게 만들려는 습관적인 충동이 장기적으로 도움이 되는 효과를 방해하지 않도록 하라는 조언이다. 사람들은 가끔 자기 자신으로부터 휴식을 취하고 한 걸음 물러서서 '철학의 진정시키고 위로하는 힘'에 자신을 맡기고, '자신의 존재에 대한 모든 불만'을 버리고, '더 잘 기뻐하는 법'을 배워야 한다. 요컨대 외부의 도움 없이도 모든 역경을 강장제로 받아들여야 한다. 심지어 니체 자신처럼 '필연적인 것을 아름다운 것으로 볼 수 있어야' 한다.

이 시점에서 원이 닫힌다. 니체에게 개개인은 항상 창조의 기쁨이기도 한 삶의 기쁨과 자신만의 특별함을 포기할 필요 없이 자신이 우주와 연결되어 있음을 알게 된다.

이것이 간추려 말해 스트레스 받는 사람들과 잘못된 에너지 소모로 약해진 사람들을 위한 우리 책의 핵심이다. 가려 뽑은 구절들은 철학 저서뿐만 아니라 미완성 단편과 유고 및 편지에서 가져온 것이다. 때때로 보다 긴 문장에서 텍스트를 축약하거나 발췌하기도 했지만, 시각적인 외관을 위해 생략 표시를 하지 않았다. 출처는 책 말미에서 찾을 수 있다.

프랑크푸르트 암 마인, 1996
우르줄라 미헬스 벤츠Ursula Michels-Wenz

차례

1

자신의 삶만을 읽으라

삶의 이유를 오롯이
자신 안에서 찾아야 한다

1

이 말은 우리 모두를 위한 비유이다. "자신의 진정한 욕망을 돌이켜 생각함으로써 내면의 혼란을 정리해야 한다."

2

단지 그대의 삶만을 읽고, 거기서 보편적인 삶의 난해한 상형문자를 이해하도록 하라.

3

세계가 무엇을 위해 존재하는지, 인류가 무엇을 위해 존재하는지는 우리에게 아무런 상관이 없다. 그러나 그대 개개인이 무엇을 위해 존재하는지 물어보라. 아무도 그대에게 답을 말할 수 없다면 하나의 목표, 목적, 즉 높고 고귀한 '이것을 위해'를 설정함으로써 그대 현존의 의미를 귀납적으로 정당화하려고 단 한 번이라도 시도해보라.

4

인간의 불손함―이는 인간이 의미를 보지 못하는 것이며 그것을 부정하는 것이다!

5

가장 중요한 사건들은 우리의 가장 소란스러운 시간이 아니라 가장 조용한 시간에 일어난다.

6

그대 자신이 어떠하든, 경험의 원천으로서 그대 자신을 섬겨라! 그대 존재에 대한 불만을 버리고 자신의 자아를 용서하라. 모든 경우에 그대는 지혜에 도달할 수 있는 사다리 디딤판 100개를 가지고 있기 때문이다.

7

진리의 산에서 그대는 결코 헛되이 오르는 일이 없다. 그대는 오늘 더 높이 올라가거나 내일 더 높이 오를 수 있도록 힘을 기른다.

8

나는 여러분이 자기 자신을 존중하는 것부터 시작하기를 바란다. 다른 모든 것은 거기에서 비롯된다.

9

우리는 자기 자신을 미워하는 자를 두려워해야 한다. 우리가 그의 앙심과 복수의 희생자가 될 것이기 때문이다. 그러므로 우리가 어떻게 그를 유혹하여 그 자신을 사랑하게 만들 수 있는지 지켜보자!

10

동정받고 싶어 하는 갈증은 자기 탐닉에 대한 갈증이다. 그것도 다른 사람을 희생시키는 방종한 갈증이다.

11

어떤 순간, 말하자면 가장 밝은 순간, 사랑에 찬 불꽃의 순간이 있다. 그 불빛 속에서 우리는 '나'라는 단어를 더 이상 이해하지 못하게 된다. 그 순간 이 세상이 되는 무언가가 우리 존재의 너머에 있다. 그렇기에 우리는 깊디깊은 마음속에서 여기와 저기를 잇는 다리를 갈망한다.

12

우리는 개체 그 이상의 존재이다. 우리는 사슬로 연결된 모든 미래의 과업을 지닌 전체 사슬이다.

13

아무도 인생의 강을 건너는 다리를 그대에게 지어줄 수 없다. 사실 그대가 강을 건너도록 해주는 수많은 오솔길과 다리와 반신半神들이 있기는 하다. 하지만 그 대신 자기 자신을 희생하는 대가를 치러야 한다. 그대 자신을 저당 잡히고 잃어버릴 것이기 때문이다.

14

이전 시대에는 '자유로운 인격'에 대해 이렇게 널리 이야기된 적이 없었다. 개인의 자유로운 인격은커녕 불안에 떠는 순전히 보편적인 인간성만 볼 뿐이다. 개인의 개성적이고 자유로운 인격은 내면으로 후퇴하여 더 이상 겉으로 알아차릴 수 없다.

15

자기 자신을 믿지 않는 사람은 항상 거짓말을 한다.

16

가까운 이웃이 하는 말을 왜 귀 기울여 듣는가? 수백 마일 떨어진 곳에서는 이미 구속력이 없는 견해에 자신의 의무를 지우는 것은 너무나 편협하고 고루하기 때문이다.

17

꼼꼼히 돌이켜 생각해 보면 우리는 수많은 과거의 확대 재생산자라는 것을 깨닫는다. 하지만 이 생각은 아무런 도움이 되지 않는다. 우리는 모든 일을 다시 우리를 위해, 우리 자신을 위해서만 해야 한다. 그대 자신의 영혼보다 더 높이 존중받아야 할 기관은 없다.

그대의 참된 존재는 그대 안에 깊숙이 숨겨져 있는 것이 아니라 그대보다 헤아릴 수 없을 정도로 높이 있거나 적어도 그대가 보통 그대의 자아라고 여기는 것보다 위에 있다.

선악을 깨우치는 지혜로운 나무, 선악과가 자라는 곳에 여전히 낙원이 있다.

인지는 생명을 전제로 한다. 그러므로 모든 존재가 자신의 지속적인 존재에 대해서와 같이 생명 보존에 관심을 가진다. 따라서 과학은 더 높은 수준의 감독과 감시를 요구하며 생명에 대한 이론은 과학과 밀접한 관계를 맺고 있다.

활동적이고 성공적인 본성은 "너 자신을 알라"라는 말에 따라 행동하지 않고 "너 자신을 원하라"라는 명령을 염두에 두고 행동한다. 그러면 그대는 그 자신이 될 것이다.

22

몇 누군가는 욕망하지만, 대부분은 욕망의 대상일 뿐이다.

23

지금 교육받는 방식으로 우리는 두 번째 본성을 얻는다. 세상이 우리를 성숙하고 분별력 있고 유용하다고 부를 때 우리는 두 번째 본성을 갖는다. 몇몇은 태어나면서 가지는 첫 번째 본성이 성숙해졌을 때, 어느 날 충분히 이 허물을 벗을 수 있는 뱀이 된다. 대부분은 탈피하기 전에 말라 죽어버린다.

허물을 벗지 않는 뱀은 죽고 만다. 인간도 이와 마찬가지다. 언제까지나 낡은 사고의 허물 속에 갇혀 있으면, 성장은 말할 것도 없이 내부부터 썩기 시작해 끝내 죽고 만다. 늘 새롭게 살아가기 위해서는 사고의 신진대사를 해야 한다.

24

연구의 척도는 모방을 부추기는 것에 있다. 사랑에 사로잡혀 번식을 갈망하는 것만 연구해야 한다.

25

사람들은 교육에서 이익을 가져다주는 것만 본다. 그래서 이익을 가져다주는 것을 교육으로 혼동한다.

26

"내가 하는 것은 실제로 무엇인가? 그리고 그것으로 나는 무엇을 하려고 하는가?" 이는 진리에 대한 물음이다. 현재의 교육은 진리를 가르치지 않기에 우리는 진리에 대해 묻지 않는다. 진리에 대해 질문할 시간이 없는 것이다.

27

휴식이 부족하기 때문에 문명은 새로운 야만 속으로 빠져들고 있다. 활동적인 사람, 즉 쉬지 않는 사람은 어떤 시대에도 가치를 인정받지 못했다. 그러므로 관조적 요소를 강화하는 것이 인류의 성격에 우선해야 하는 교정쇄 중 하나다.

28

소위 교육받은 사람들, 현대 사상의 신봉자가 가진 부족한 수치심, 모든 것을 건들고 핥고 더듬는 손의 무신경한 뻔뻔함만큼 역겨움을 자아내는 것은 없을 것이다. 그리고 오늘

날 신문을 읽는 지식인 패거리보다 민중들, 특히 농민들 사이에 상대적으로 취향의 고상함과 경외심이 여전히 더 많이 있을 수 있다.

29

마침내 사람들은 좀 더 젊은 시절에 알지 못한 것이 얼마나 큰 손실을 가져다주는지 배우게 된다. 즉 먼저 훌륭한 일을 행하고, 그 다음에 훌륭한 것을 어디서나 어떤 이름으로든 찾아내야 한다는 것을 말이다. 반면 모든 나쁜 것과 평범한 것은 퇴치하려고 하지 말고 즉시 비켜 가야 한다.

어떤 것이 선한지 아닌지에 대한 의심이—성숙해질수록 금방 의심이 발생하므로—그 일에 대한 반대 주장이자 그 일을 완전히 피할 계기로 여겨져도 된다는 것을 사람들은 배우게 된다. 접근하기 어려운 선함을 악하고 불완전한 것과 혼동하고 실수를 저지를 위험을 감수하면서 말이다. 더 나은 일을 할 수 없는 자만이 세상의 사악함에 단호히 대처해야 한다.

30

누구에게나 자신의 좀 더 높은 자아를 발견하는 좋은 날이 있다. 참된 인간성은 속박과 노예와 같은 노동에 따라서가 아니라 이 자아가 고양되는 상태에 따라서만 가치를 인정받을 것을 요구한다.

31

많은 사람은 자기 주변 사람들에게 하루에 열 번 악의적인 차가운 말을 한다. 그러면서도 몇 년 뒤 자신이 습관적인 법칙, 하루에 열 번이나 주변 사람들의 기분을 상하게 하는 법칙을 만들었다는 것에 대해서는 거의 생각하지 않는다. 하지만 반대로 그는 그들에게 좋은 일을 열 번 하는 데 익숙해질 수도 있다!

32

매일을 시작하는 가장 좋은 방법은 잠에서 깨어났을 때 그날 적어도 한 사람을 기쁘게 해줄 수 없는지 생각하는 것이다. 이것이 기도라는 종교적 습관을 대신하는 것으로 간주될 수 있다면 동시대 사람들은 이 변화로 이득을 얻을지도 모른다.

선량함, 친절, 공손한 마음은 이타적인 본능에서 끊임없이 샘솟는 분출물이며 연민, 자비, 자기희생이라는 훨씬 더 유명한 표현들보다 문화를 구축하는 데 월등히 강력한 공헌을 해왔다.

처음에 사람들은 사물과 사람에 대한 통찰력을 배우지 않고 그들을 가치 판단하기에 바쁘다. 그런 까닭에 진정한 식견에 접근하지 못하게 된다.

어쩌면 누구든 놀라워하며 자기 자신에게 이렇게 묻는 순간이 올지도 모른다. "당최 어떻게 살아야 하는 것인가!―그럼에도 사람들은 살아간다!" 식물을 보고 경탄하는 것과 같은 종류의 감수성을 스스로 지니고 있음을 파악하기 시작하는 순간 말이다. 식물은 자신을 휘감아 기어오르고, 마침내 자신에게 약간의 빛과 흙을 달라고 요구한다. 그리하여 척박한 토양에서 자기 몫의 기쁨을 만들어낸다. 누군가가 자신의 삶을 묘사할 때면 어떻게 식물이 여기서 살 수 있는지, 그리고 흔들리지 않는 용감함으로 어떻게 살아가는지에 대해 경탄스러운 지점이 늘 있다. 이제, 어려움이 엄청나게 커진 인생행로가 있는데 바로 사상가들의 인생행로가 그렇다. 그리고 그 삶에 대한 어떤 것이 이야기되는 곳에서는 주의 깊게 귀 기울여야 한다. 여기에 귀 기울이는 것만으로도 행복과 힘을 가져다주는 삶의 가능성에 대한 것을 듣기 때문이다.

36

인류가 존재한 이래로 인간은 너무 적게 기뻐했다. 우리가 더 잘 기뻐하는 법을 배우면 타인에게 고통을 주거나 고통스럽게 하는 방법을 잊는다.

37

불신으로 가득 찬 호감이 가지 않는 성격은 경쟁자와 이웃의 모든 행복한 성공에 질투를 느낀다. 자신과 다른 의견에 폭력적이고 벌컥 화를 낸다. 이것은 그가 인류의 문화가 막 생기기 시작한 초기 단계에 속함을 보여준다. 완력이 지배하던 시대에는 그 방식이 옳고 적절한 것이었기 때문이다. 그러므로 그는 시대에 뒤처진 사람이다.

함께 기뻐할 줄 아는 또 다른 성격은 어디서나 친구를 얻는다. 그는 성장하고 성공하는 모든 것에 애정을 느끼고, 다른 사람들의 모든 명예와 성공을 함께 기뻐한다. 그는 진실을 혼자 알 권리가 없다고 주장하며 겸허한 의심의 태도로 가득 차 있다. 그는 인간의 좀 더 높은 문화를 지향하는 앞선 사람이다.

38

자신이 옳다고 주장하는 것보다 자기 견해가 틀렸다고 하는 것이 더 고상하다. 자신의 견해가 옳을 때 특히 그러하다. 단 그러기 위해서는 충분히 풍요로워야 한다.

39

자기 자신에게 저지른 잘못은 다른 사람에게 저지르는 잘못보다 훨씬 견디기 힘들다. 자신의 행복을 위해서는, 즉 안락함을 잃지 않기 위해서는 종교와 도덕이 명하는 모든 것은 완전히 별도로 하고 타인이 내게 잘못하는 것 이상으로 내게 잘못하지 않도록 조심해야 한다. 타인의 잘못을 겪을 때는 상대의 양심의 가책이 주는 위로, 복수에 대한 기대심, 정의로운 사람들, 즉 연민과 갈채를 사회 전체로부터 받을 수라도 있기 때문이다.

40

자책하지 마라! 대신 선한 행동으로 악한 것을 선하게 만들라!

41

자신의 적, 자신이 당한 사고, 악행조차 심각하게 받아들이지 않는 것이야말로 생생한 자연의 흔적이며, 치유하는 힘과 망각하게 하는 힘을 넘치게 지닌 강하고 충만한 인간의 표식이다. 그런 사람은 다른 사람의 몸속으로 파고드는 벌레를 단번에 털어버린다.

무릇 이 지상에 '적에 대한 진정한 사랑'이 있을 수 있다면 오직 그런 사람에게만 가능할 것이다. 고귀한 인간은 자신의 적에게 과연 얼마나 큰 경외심을 품고 있을까! 그리고 그러한 경외심은 이미 사랑에 이르는 다리이다.

42

악의가 줄어듦에 따라 지혜가 커짐을 정확히 측정할 수 있다.

43

진리에 대한 우리의 사랑은 타인이 진리라고 간주하는 것을 대하는 태도에서 가장 분명하게 드러난다. 그때 우리가 정말로 진리를 사랑하는지, 아니면 그저 우리 자신만을 사랑하는지 드러난다.

44

우리는 멸시하지 않는 사람만 높이 살 수 있다. 멸시는 다른 어떤 범죄보다 더 큰 품격 손상이자 가해 행위다.

45

진실을 유쾌하게 말하는 것이 모든 사람의 취향에 맞는 것은 아니다. 그러나 적어도 거짓을 불쾌하게 말할 때 그것이 진리가 된다고 사람들이 믿게 하지 마라.

46

모든 올바름과 정의로움은 이기심의 균형, 즉 서로를 해치지 않으려는 상호 인정, 다시 말해 지혜에서 비롯된다.

적어도 우리 자신을 대하는 것처럼 이웃을 대할 수는 없을까? 우리 자신에게는 눈앞의 결과와 고통에 대해 그렇게 편협하고 속물적으로 생각하지 않으면서 이웃의 경우에는 왜 그렇게 해야 한다는 말인가? 자신과 친구에게는 성실하고 적에게는 용기를 가져라. 패자에게는 관용을 베풀고 그 밖의 모든 경우에는 언제나 예의를 지켜라.

2

웃음을 발명하라

비통함 속에서 만들어낸 행복으로
인간은 시간을 잊는다

48

기쁨 없는 단 한 사람만으로도 온 가정을 영원히 불쾌하고 우울하게 만든다. 그리고 이 한 사람이 사라지려면 기적이 일어나야만 가능하다! 그러나 행복은 그런 불행의 전염성 과는 거리가 멀다. 행복은 어디에서 오는 것인가?

49

어떤 사안을 좋아 보이는 것보다 하루라도 더 오래 좋다고 인정하지 마라. 무엇보다도 하루라도 더 일찍 어떤 사안을 좋다고 인정하지 않는 것―그것이야말로 진정한 기쁨을 유지하는 유일한 방법이다.

50

어린아이는 꽃과 풀, 나비를 가볍게 보고 넘기지 않는다. 우리는 어린아이처럼 꽃과 풀, 나비에 다가가야 한다. 선한 모든 것에 참여하고자 한다면 때때로 작아지는 법도 알아야 한다.

51

우리의 일상적인 기분은 우리의 주변 환경을 유지할 줄 아는 마음가짐에 달려 있다.

52

인류의 역사 전체를 자신의 역사로 느끼는 것, 모든 것을 마침내 하나의 영혼 안에 가지고 하나의 감정으로 통합하는 것. 이는 인간이 지금껏 알지 못한 행복을 가져다줄지도 모른다. 힘과 사랑으로 충만하고, 눈물과 웃음으로 가득한 어떤 신의 행복 말이다. 석양처럼 무궁무진한 풍요로움으로 끊임없이 주어지고, 바다로 쏟아지는 행복 말이다. 가장 가난한 어부더라도 황금 노를 젓고 있을 때만 비로소 가장 풍요롭다고 느낀다! 그리고 이 신성한 감각은 인간성이라 불릴 것이다!

53

대단한 자의식이란 개인으로서가 아니라 인류로서 자신을 의식하는 것을 말한다.

54

우리가 가치와 자긍심의 창조자라는 것을 어느 정도 알아야만 한다. 즉 역사에 어느 정도 의미 가치를 부여할 수 있다는 것을 알아야 한다.

55

우리가 가장 먼저 해야 할 질문은 우리가 자신에게 만족하는지가 아니라, 어떤 것에라도 만족하는지이다. 만약 단 한 순간이라도 그렇다고 대답한다면, 스스로에게 뿐만 아니라 다른 모든 존재에게 그렇다고 대답해 온 것이다. 우리 자신이나 사물 중 그 어떤 것도 자기 자체만으로 존재하는 것은 없기 때문이다. 우리의 영혼이 단 한 번이라도 행복 앞에 현絃처럼 떨리고 울렸다면, 그 한 사건을 일으키기 위해 온 영원이 필요했다. 그리고 온 영원은 우리가 그렇다고 말한 그 유일한 순간에 구원되고 긍정되었다.

56

우리는 인류의 모든 열정을 모조리 기쁨으로 변화시키는 과제에 정직하게 임하고자 한다.

57

인생에서 유용한 것보다 아름다운 것을 선호하는 사람은 빵보다 과자를 선호하는 아이처럼 결국에는 위장을 망치고 세상을 무척 짜증스럽게 볼 것이다.

58

세상의 비통함 가까이에, 대부분 화산의 토양 위에 인간은 자기 행복의 조그만 정원을 심는다. 재앙 곁이라도 어디서든 인간은 행복이 싹트는 것을 찾아낼 것이다. 그것도 화산성이 높은 토양일수록 더 많은 행복을 발견할 것이다.

59

언젠가 새로운 천국을 건설해본 사람이라면 누구든 자신의 지옥 속에서만 천국을 건설할 수 있는 힘을 발견한다.

60

나를 죽이지 못하는 것은 나를 더욱 강하게 만든다.

61

우리가 이상을 보는 눈이 우리가 가진 결함이다.

62

가장 작은 행복에서부터 큰 행복까지 그것을 행복으로 만드는 것은 언제나 단 한 가지, 잊을 수 있는 능력이며 현학적으로 말하면 행복할 동안의 시간을 역사와 무관하게 느끼는 능력이다. 과거를 잊지 못해 행복한 순간의 문지방에 발을 딛지 못하는 사람, 승리의 여신처럼 현기증과 두려움 없이 그 순간에 당당히 서지 못하는 사람은 행복이 무엇인지 결코 알지 못할 것이다. 그리고 더욱 나쁜 것은 그가 다른 사람을 행복하게 만드는 일을 결코 하지 못할 것이라는 점이다.

63

모든 유기체의 생명에 빛뿐만 아니라 어둠도 있듯이, 모든 행동 또한 망각을 수반한다. 기억 없이 사는 것, 즉 행복하게 사는 것은 가능하다. 하지만 망각 없이 살기는 불가능하다.

64

인간은 과거를 깨뜨리고 해체할 힘을 가져야만 살아갈 수 있다.

65

사람들은 망각할 때만 선한 상태로 머무른다.

66

많은 것을 보기 위해서는 자신을 단념하는 법을 배워야 한다.

67

명랑함을 통해서만 구원의 길이 열린다.

68

인간이 왜 혼자 웃는지는 아마 내가 가장 잘 알 것이다. 인간은 혼자서 너무 심히 괴로워하기에 웃음을 발명해야 했다.

69

우리의 기쁨이 다른 사람들에게 유익한 것에 대해 우리는 기뻐하고자 한다.

70

고통에서 벗어나는 법은 두 가지다. 바로 빠른 죽음과 오랜 사랑이다.

71

인간은 자기가 죽을 것임을 확실히 알고 있다. 어찌 명랑하지 않을 수 있겠는가?

72

모든 거부와 부정은 생산성을 저하시킨다. 기본적으로 우리가 좋은 농작지라면 아무것도 사용하지 않은 채 낭비되거나 썩게 해서는 안 되고 모든 사물과 사건, 그리고 사람을 반가운 거름과 비와 햇빛으로 맞이해야 한다.

73

우리는 아는 것만 볼 수 있다.

74

온전한 사람이 되는 것, 자신이 하는 모든 일에 최고의 행복을 추구하는 것—이는 타인을 위한 동정심 있는 행동보다 더 많은 것을 가져다준다—은 스스로를 자신이 가진 장점으로만 이해하는 것에 좌우된다. 미성숙하고 발전하지 않은 개인은 자신의 장점을 가장 대충 이해할 것이다.

75

부족한 인격은 결국 모든 곳에서 내게 복수한다. 약하고, 편협하고, 단절적이고, 자기 부정적인 성격은 아무것에도 도움이 되지 않는다. '이기심'은 하늘에서도 땅에서도 아무런 가치가 없다. 위대한 문제는 모두 위대한 사랑을 필요로 하며, 자신 위에 굳건히 앉아 있는 강하고 원만하고 균형 잡힌 정신의 소유자들만이 그럴 능력이 있다.

76

'공유재산'이 어떻게 가능하단 말인가! 이 단어는 그 자체로 모순된다. 모두가 공유할 수 있는 재산은 가치가 없다. 결국에는 모든 것이 현재 그대로, 옛날에 늘 그랬던 그대로 놔두어야 한다. 즉 위대한 것은 위대한 사람을 위해 남아 있어야 한다. 심연은 속 깊은 사람을 위해, 섬세함과 전율은 훌륭한 사람을 위해, 그리고 전체적으로, 간단히 말해 희귀한 모든 것은 희귀한 사람을 위해 남아 있어야 한다.

77

앞서 나아가는 것이 중요한 것이 아니라(이는 기껏해야 사람을 양치기로 만들며, 고작 양 떼에게 가장 필요한 존재로 만든다) 중요한 것은 자신만을 위해 나아가는 것, 자신을 위해 달라질 수 있는 것이다.

78

우리는 자신을 하나의 전체 속에 넣어야 한다. 그렇지 않으면 그 전체가 우리를 불특정한 다수로 만들 것이다.

79

오늘날 철학자를 찾는 사람은 자신이 찾는 것을 발견하리라는 희망을 가지고 있는가? 최고의 등불을 들고서도 밤낮으로 헛되이 돌아다닐 가능성이 높지 않은가? 이 시대는 잘못된 본능을 가지고 있다. 즉 무엇보다도 가장 먼저 편리함을 원한다.

두 번째로는 2인 1조의 홍보 공작과 배우들이 만들어내는 엄청난 소음, 대중의 입맛에 맞는 홍청거림을 원한다. 세 번째로 모든 사람이 거짓말 중 가장 광대한 거짓말 앞에 더없이 공손하게 복종하기를 원한다―이 거짓말이 '인간의 평등'이라 불린다―그리고 사람들은 오직 서로를 똑같게 하고 동등하게 하는 미덕을 추구한다. 그러나 내가 이해하기로는 이런 방식은 철학자의 출현을 근본적으로 방해한다. 순진무구하게 그것이 철학의 출현에 도움이 된다고 믿고 있는지는 몰라도.

80

온 세상이 우리에게 얼마나 호의적이며 친절한 모습을 보이겠는가! 우리가 온 세상 사람들과 똑같이 행동하고 온 세상 사람들처럼 그저 되는 대로 살아가는 즉시.

81

그대를 지나치며 풀을 뜯는 가축 무리를 보라. 그들은 어제가 무엇인지, 오늘이 무엇인지 알지 못하고 이리저리 뛰어다니며 먹고 쉬고 소화한 뒤 다시 뛰어다닌다. 아침부터 밤까지, 날이면 날마다 쾌와 불쾌, 즉 찰나의 말뚝에 매인 무리를 보라. 그 때문에 그들은 우울하지도 않고 질리지도 않는다. 인간은 이것을 보고서도 받아들이기가 힘들다. 인간은 짐승 앞에서 자신의 인간성을 뻐기면서도 짐승의 행복을 질투심으로 바라보기 때문이다. 인간은 짐승과 마찬가지로 고통스럽게 살지 않으려고 한다. 그러나 인간은 짐승처럼 살기를 원치 않기에 소망은 허사가 되고 만다.

82

나는 짐승이 인간을—극히 위험한 방식으로 자신의 건전한 상식을 잃어버린— 자신과 같은 존재로 여길까 두렵다.

83

인간은 한번 타락하면 항상 짐승보다 더 아래로 가라앉는다.

3

자애로운 열정을 지녀라

타자를 향한 사랑이
자신을 가치 있게 만든다

84

남에게 이득을 주는 때가 왜 자신을 이롭게 할 때보다 더 낫다는 말인가? 그가 다른 사람에게 주는 이익이 절대적인 의미에서 자신에게 주는 이익보다 더 큰 경우에는 낫다고 말할 수 있다.

85

네가 너 자신을 사랑한다면, 너 자신을 사랑하듯 네 이웃을 사랑하라.

86

풍요로운 인격, 내적인 충만함, 넘쳐흐르는 베풂, 자신의 안녕과 자기 긍정. 이것이 위대한 희생과 위대한 사랑을 만든다. 이 정서가 자라나게 하는 것은 강하고 신성한 자아다. 인간이 자기 자신을 위해 나아가는 것을 가치 있게 여기는 방식으로 어떻게 이 본능을 재해석할 수 있을까?

87

자신을 겸손히 여기는 사람은 더 존중받기를 원한다.

88

사랑은 헌신과 이타주의로 왜곡되었으나, 이는 결국 흘러넘치는 인격의 인내와 베풂이다. 가장 완전한 사람만이 사랑할 수 있으며 목적 지향적이고 객관적인 사람은 연인으로서 최악이다.

89

사랑하는 사람은 아무런 대가 없이 자신을 내어주지만 사랑받기를 원하는 사람은 거저 받고 싶어 한다.

90

고귀한 영혼을 가진 자들의 속성은 이러하다. 그들은 아무
것도 거저 가지려고 하지 않는다. 그들의 삶에 대해조차 그
러하다.

91

인간은 다른 인간으로부터 아무것도 원하지 않고, 주는 데
익숙해졌을 때 자기도 모르게 가장 고상하게 행동한다.

92

고귀한 정신은 대부분 선한 본성과 불신하지 않음으로 이
루어져 있다. 그러므로 이득을 탐하고 성공을 거둔 사람들
이 우월감으로 조롱하길 좋아하는 요소들을 포함한다.

93

비열한 본성의 소유자에게는 모든 고귀하고 관대한 감정이
사리에 맞지 않으므로 무엇보다 신뢰할 수 없다고 본다. 불
법적인 방법으로 이득을 추구하기라도 하는 것처럼 고귀한
사람에게 의심의 눈길을 보낸다.

　이기적인 의도와 이익이 없다는 것을 확신하면 그들은

고귀한 사람을 일종의 바보 취급한다. 비열한 본성은 자신의 합리적인 이익에만 눈독 들이는데 그에 비하면 고귀한 본성은 불합리한 본성이다.

악이란 무엇인가? 사람을 모욕하는 것이다. 가장 인간적인 것은 무엇인가? 누구에게도 창피를 주지 않는 것이다. 그리고 사람이 얻는 자유란 무엇인가? 어떤 행위를 해도 자신에게 부끄럽지 않은 상태가 되는 것이다. 진정 자유롭게 사는 인간이란 어떤 행동을 하든 부끄럽지 않은 경지에 이른 인간이다. 물론 그가 다른 누군가를 모욕하는 일 역시 없다.

94

사랑받고자 하는 욕구는 불손 중 가장 큰 불손이다. 그 욕구에는 자신이 사랑받을 가치가 있다는 주장이 강하게 내재돼 있다. 그런 사람은 자신을 다른 사람보다 높은 위치에 있는 특별한 존재라 생각한다. 자신만은 특별히 평가받을 자격이 충분하다고 믿는 차별주의자다.

95

사랑은 연인의 숨겨진 고상한 특질, 희귀하고 예외적인 특질을 밝혀준다. 즉 사랑은 희귀하게 드러난 그 모습들이 연인의 원래 모습이라고 우리를 쉽게 속인다.

96

누군가를 사랑할 때는 내 단점이 숨겨지기를 원한다. 허영심 때문이 아니라 사랑하는 사람이 고통받아서는 안 되기 때문이다. 그렇다, 사랑하는 사람은 신처럼 보이고 싶어 한다. 그런데 이 또한 허영심에서 비롯된 것은 아니다.

97

사랑 때문에 행하는 일은 언제나 선악의 저편에서 일어난다.

98

사랑 안에서만 영혼은 자신에 대한 명백하고 분열적이며 경멸적인 시각을 가진다. 또 자신 너머를 바라보려는 욕망과 아직 어딘가에 숨겨진 더 높은 자아를 있는 힘을 다해 찾고자 하는 욕망을 얻는다.

99

인간은 오직 사랑 안에서, 사랑의 환상에 가려진 상태에서, 완전하고 옳은 것에 대한 무조건적인 믿음 안에서만 창조를 해낼 수 있다. 더 이상 무조건적인 사랑을 할 수 없게 된 사람은 힘의 원천이 잘려나간다.

100

순결과 관능 사이에는 어떠한 모순도 없다. 모든 바람직한 결혼 생활, 진정한 마음에서 우러나온 사랑은 이 모순을 넘어선다. 순결과 관능 사이에 실제로 모순이 있다고 해도 다행히 그 모순은 비극적이지 않다. 더없이 훌륭하고 총명한 사람들은 오히려 그 모순이 삶에 대한 매력이라고 보았으며 우리를 존재로 유혹한다.

101

열정은 악하고 음험하게 여겨질 때에야 악하고 음험해진다. 그래서 기독교는 성적 흥분에 대해 신자들의 양심에 고문을 가함으로써 위대한 이상적 힘인 에로스와 아프로디테를 지옥의 요마妖魔와 사기꾼으로 만드는 데 성공했다. 필수적이고 규칙적인 감각을 내적 번민의 근원으로 만들고, 모든 사람에게 내적 번민을 불가피한 것으로 만들려 하는 것은 끔찍하지 않은가!

맞서 싸워야 하는 것, 억제해야 하는 것, 때에 따라 마음

속에서 완전히 지워야 하는 것은 항상 악하다고 불려야 하는가!

적을 항상 악하다고 생각하는 것은 비열한 영혼의 방식이 아닌가! 그렇다면 에로스를 적이라고 불러도 되는가! 성적인 감각뿐 아니라 연민과 사랑의 감각도 인간이 자신의 즐거움을 통해 다른 사람에게 좋은 일을 행한다는 공통점이 있다. 자연에서는 그런 자애로운 사건을 그리 자주 접하지 못한다!

102

자연 아닌 것이 자신을 의식하는 순간, 남는 것은 허무에 대한 갈구뿐이지만 자연은 사랑을 통한 변화를 꿈꾼다. 전자는 존재하려 하지 않고 후자는 존재 속에서 달라지기를 원한다.

103

부정확한 관찰은 자연의 모든 곳에서 따뜻함과 차가움과 같이 반대되지 않고 정도의 차이일 뿐인 데에서 반대 구도를 본다. 이 나쁜 습관은 인간 내면의 본성 즉 정신적, 도덕적 세계도 그러한 대립에 따라 이해하고 해부하는 것으로 이어졌다. 변천 대신 대립을 보려고 했기에 이루 말할 수 없이 큰 고통, 불손, 냉혹함, 소외감, 냉담함이 인간의 감정 속으로 들어왔다.

104

인간은 오랜 투쟁 끝에 자연으로 와, 결코 돌아가지 않는다.

105

연인간의 사랑은 소유물에 대한 충동으로서 가장 분명하게 드러난다. 연인은 자신이 열망하는 사람을 절대적으로 독점하고 싶어 한다. 그는 상대의 육체와 더불어 영혼을 완전히 장악하고 싶어 한다. 그는 나 혼자만 사랑받기를 원하고 상대의 영혼 속에 가장 고귀하고 바람직한 존재로 거하고 지배하기를 원한다. 하지만 마침내 시간이 지나면 세계 전체가 아무런 흥미가 없고, 창백하고 무가치해 보이며 그제야 성애에 대한 이 광적인 탐욕과 불의가 그 정도로 미화되고 신격화되었다는 것에 놀란다. 사랑이라는 개념은 늘 이기주의의 반대로 여겨졌다. 하지만 이를 보면 사랑이야말로 어쩌면 이기주의의 가장 편견 없는 표현일지도 모른다.

　지구상에는 두 사람의 탐욕적인 갈망 상위에 있는, 이상적이고 공통된 욕망을 위한 새로운 사랑의 연속이 존재한다. 누가 이러한 사랑을 알고 있단 말인가? 누가 그 사랑을 경험했단 말인가? 그 사랑의 올바른 이름은 바로 우정이다.

106

사랑을 가르치기란 불가능하다.

107

우리가 우리를 사랑하는 사람들의 눈에 보이는 것만큼 선하지 않다는 것은 자명한 사실이다. 그러나 바로 이 사실이 우리가 선을 행하도록 이끈다. 우리에게 가장 사랑스러운 사람들이 우리에게 속지 않기를 바라기 때문이다.

108

행동을 약속할 수는 있지만 감정은 그럴 수 없다. 누군가를 항상 사랑하거나 항상 미워하거나 항상 충실하겠다고 약속하는 사람은 자기 힘으로 할 수 없는 것을 약속하는 셈이다. 하지만 사랑, 증오, 충실함의 결과이면서도 또한 다른 동기에서도 비롯될 수 있는 행동은 약속할 수 있을지 모른다. 따라서 누군가를 사랑하겠다는 약속은 항상 다음을 의미한다. 내가 당신을 사랑하는 한, 나는 그대에게 사랑의 행동을 보여줄 것이다. 내가 그대를 더 이상 사랑하지 않더라도, 다른 동기 때문이긴 하더라도 나는 그대에게 줄곧 같은 행동을 베풀 것이다.

109

전반적으로 사람들이 사랑을 그토록 강조하고 신격화해서 말하는 것은 그들이 사랑을 별로 가져보지 못했고, 사랑이라는 양식을 배불리 먹을 수 없었기 때문이다. 그래서 사랑은 그들에게 신들의 양식이 되었다.

110

관능을 정신적인 것으로 승화시킨 것을 사랑이라고 한다.

111

타인이 자신과 다른 방식으로 살아가며 일하고 행동하고 느끼는 것을 이해하고 기뻐하지 않는다면 그 외 도대체 무엇이 사랑이란 말인가? 사랑이 기쁨을 통해 자신과 반대인 존재를 잇는 다리를 놓기 위해서는 이 다름을 지우거나 부정해서는 안 된다.

112

후손을 갖는 것. 그것이 비로소 사람을 안정적이고 응집력 있으며 불가능을 단념할 수 있게 만든다. 그것이 최고의 교육이다. 모든 의미로, 정신적으로도 자녀를 통해 교육받는 것은 항상 부모이다.

113

사람들이 조용한 믿음 속에서 행하는 모든 것은 어떻게든 우리 내면의 생성에 도움이 되어야 한다! 아이는 가장 자비롭고 온화한 환경에서 자라나야 한다. 그러한 봉헌과 헌신 속에서 살아가야 한다! 그렇게 살 수 있다!

114

자녀를 낳는 목적은 우리보다 더 자유로운 인간을 세상에 데려오는 것이다.

115

보다 높은 정신적 해방 단계에서는 우연적으로 내 삶을 연결해온 모든 것을 필요로 의해 선택한 것으로 대체해야 한다. 과거에 친구가 부족한 사람은 그 상황에서 벗어나 때로는 새로운 아버지, 새로운 자녀를 선택해야 한다.

116

좋은 아버지가 없다면 좋은 아버지를 만들어야 한다.

117

누군가가 우리와 교제하고 대화할 때 그가 억지로 주의를 기울이고 있다는 것을 알아채자마자 우리는 그가 우리를 사랑하지 않거나 더 이상 사랑하지 않는다는 확실한 증거를 갖는다.

118

자기 경멸이라는 질병에 맞서는 가장 확실한 도움은 현명한 자의 사랑을 받는 것이다.

119

결혼할 때는 이런 질문을 던져야 한다. 이 사람과 노년까지 좋은 시간을 보낼 수 있을까? 결혼 생활의 다른 것은 모두 일시적이지만, 그 관계를 맺는 생활 대부분은 끊임없이 대화를 나누는 일이기 때문이다.

120

본래 사람의 내면에는 놀이를 하고 싶어 하는 어린아이가 숨어 있다. 그 어린아이를 발견해줄 사람을 만나야 한다!

121

좋은 결혼은 우정이라는 천품을 토대로 하기에 최고의 친구가 최고의 배우자를 얻는다.

122

우리가 지상에서는 적이 되어야 할지라도 지평 너머 별의 우정을 믿고자 한다.

123

나는 작별의 말로 가르침을 전한다. 더 이상 사랑할 수 없는 곳은 지나쳐 가야 한다!

124

자신의 적을 죽이고 싶은 사람은 그 욕망 속에서 자신의 적을 불멸의 존재로 만들고 있지는 않은지 고려해야 한다.

125

적에게 가르침을 얻는 가장 좋은 방법은 적을 사랑하는 것이다. 그럼으로써 적에게 감사하는 마음을 갖기 때문이다.

126

접착제로 붙인 우정보다 통나무로 된 앙숙이 더 낫다!

127

때때로 우리는 좀 더 선하고 힘찬 사람과의 교제를 통해 자신을 어느 정도 새롭게 다잡을 수 있어야 한다. 그렇지 않으면 이파리를 하나둘씩 잃고 낙담하여 점점 더 무너진다.

128

한 사람은 다른 사람의 양심을 비추는 거울이다. 이 사실은 다른 사람에게 양심이 없을 때 특히 중요하다.

129

훌륭한 교육자는 제자가 자신을 거역하는 방식으로 자신에게 충실하다는 사실에 자부심을 느끼는 경우를 안다.

진정한 교육자란 그대를 굴레에서 벗어나게 해주는 사람이
다. 그대가 생동감에 넘쳐 자유롭고 활발하게 본연의 능력
을 발휘할 수 있도록 이끌어 주는 사람이야말로 진정한 교
육자요, 그대의 학교다. 그대의 교육자는 바로 그대의 해방
자가 될 수 있다.

언제까지나 학생으로 남아 있는 자는 스승에게 제대로 보
답을 못 하는 셈이다.

축성과 구원에 대한 강력한 갈망의 발산으로서 부정하고
파괴하기도 한다.

우리가 비판할 때, 그것은 자의적이고 비인격적인 것이 아
니라 우리 안의 나무껍질을 벗겨내는 살아 있는 원동력이
있다는 증거이다. 우리가 부정하는 것, 또 부정해야 하는 것
은 우리가 아직 알지 못하고 보지 못하는 우리 안의 무언가

가 살고 있고 그러한 자신을 긍정하려 하기 때문이다.

4

다른 사람의 힘에 의지하여
오르지 마라

∽

**자신만의 참된 재능과 노력으로
위대함에 이를 수 있다**

134

그대의 양심은 무엇을 말하는가? "현재 당신 있는 그대로의 사람이 되어야 한다."

135

이 세상에는 그대 외에는 아무도 갈 수 없는 길이 하나 있다. 그 길은 그대를 어디로 이끄는가? 묻지 말고 그 길을 가라!

136

사람과 책의 가치는 어디에 깃들어 있는가? 누구든지 가장 깊이 숨겨진 내면의 것을 말하게 만드는 성질에 있다. 즉 완강하게 입을 다물고 있는 사람의 혀를 느슨하게 만드는 쇠지레 역할을 하는 데에 있다. 인류를 저주하기 위해 존재하는 듯한 몇몇 사건과 악행조차도 이러한 가치와 유용성을 지닌다.

137

개성이 있는 사람은 몇 번이고 반복되는 전형적인 경험을 한다.

138

높이 올라가려면 자신의 다리를 사용하라! 다른 사람의 힘에 의지하여 오르지 말고, 다른 사람의 등이나 머리 위에 앉지 마라!

139

소위 지름길은 항상 인류를 큰 위험에 빠뜨렸다. 인류는 항상 지름길을 찾았다는 기쁜 소식에 길을 떠난다. 그리고 길을 잃는다.

140

무언가 새로운 것을 먼저 보는 것이 아니라 낡은 것, 익숙한 것, 모든 사람이 보고 간과한 것을 새것처럼 보는 것이 진정으로 독창적인 두뇌의 특성이다.

141

그대가 알아보고 측정하고자 하는 것으로부터 작별을 고해야 한다. 한동안 도시를 떠나야 비로소 그 도시의 탑들이 집들 위로 얼마나 높이 솟아 있는지 볼 수 있다.

142

일단 자기 자신을 발견하고 나면 이따금 자신을 잃어버렸다가 다시 찾는 방법을 터득해야 한다. 생각하는 사람이라면 언제까지나 한 인격에 매여 있는 것은 불리하게 작용하기 때문이다.

143

길을 걷다가 숲에서 완전히 길을 잃었으나 어떤 방향을 향해 엄청난 에너지를 가지고 탁 트인 곳으로 나아가려고 노력하는 사람은 때때로 아무도 모르는 새로운 길을 발견하기도 한다. 이것이 독창성으로 칭찬받는 천재들이 탄생하는 방식이다.

144

어떤 강물도 그 자체로 위대하고 풍요롭지 않지만 수많은 지류를 흡수하여 흘러가기에 그렇게 된다. 모든 위대한 정신도 이와 마찬가지다.

145

재능, 타고난 천품에 대해 말하지 마라! 이렇다 할 만한 재능이 별로 없었던 온갖 종류의 위인들이 있다. 하지만 그들은 위대함을 얻었고 (사람들이 말하는 것처럼) '천재'가 되었다. 그들은 자기 부족한 자질을 말하고 싶어 하지 않는 유능한 수공업 장인의 진지함을 지녔다. 먼저 작은 부분을 완벽하게 형성하는 법을 배운 다음에야 완벽한 전체를 만드는 일을 과감히 시도한다.

146

인간의 모든 활동은 놀랍도록 복잡하다. 어떤 활동도 천재적이지 않을뿐더러 기적적이지도 않다.

147

더 높이 날아오를수록 날지 못하는 사람들에게는 그만큼 더 작아 보인다.

148

위대한 사람은 자기 자신을 가리키지 않고 항상 자신을 넘어서는 너머를 가리킨다.

149

더없이 위대한 사람의 머리 위에도 이상이 떠오른다.

150

공로가 있는 사람들 사이에서 자신을 돌아보면 자만하지 않는다.

151

자기 자신에 대해 생각하는 것은 그다지 행복을 가져다주지 않는다. 그러나 그렇게 해서 많은 행복을 얻는다면, 이는 기본적으로 자신을 생각해서가 아니라 자신의 이상을 생각했기 때문이다.

152

가상 세계가 실제 세계보다 덜 가치 있는 게 틀림없다고 누가 말하는가? 우리의 본능은 이러한 판단과 모순되지 않는가? 인간은 현실보다 더 나은 세계를 원하기에 끊임없이 허구의 세계를 만들어내는 것이 아닌가?

153

자기 존재로 인해 큰 고통을 겪는 이들은 가장 고귀한 사람들이다. 그들은 고통에 대응하는 큰 힘도 가지고 있다.

154

가장 훌륭하고 결실이 많은 국가와 민족의 삶을 살펴보라. 그리고 자랑스럽게 높이 자라야 할 나무가 악천후와 폭풍우 없이 커갈 수 있는지 자문해보라. 외부의 혐오와 반대, 어떤 종류의 증오, 질투, 고집, 불신, 가혹함, 탐욕, 폭력도 그것들 없이는 덕목이 더 높이 성장하기 어려운, 유리한 조건들에 속하지 않는가? 약한 본성의 소유자를 파멸시키는 독은 강한 자들을 위한 강화제이다. 그리고 그는 그것을 독이라고 부르지도 않는다.

155

허물을 벗지 못하는 뱀은 파멸한다. 자신을 바꾸지 못하는
정신도 이와 마찬가지다. 이들은 정신이기를 포기한 셈이다.

156

위대하고 희귀한 사람들의 출현이 다수의 동의에 의존했더
라면 세상에 중요한 사람은 결코 없었을 것이다!

　세상사의 진행은 대다수의 동의와 무관하게 진행되며,
이 때문에 몇몇 놀라운 일이 지상에 살금살금 일어났다.

157

운명은 우리가 아직 알지 못하더라도 우리를 멋대로 다룬
다. 오늘 우리에게 규칙을 부여하는 것은 미래이다.

158

어떤 사안을 즉각 이중적으로 표현하면서 오른발과 왼발을
부여하는 것은 좋은 일이다. 진실은 한 발로 설 수 있지만
걷고 돌아다니려면 두 발이 필요하다.

159

성스러운 단순sancta simplicitas*을 조심하라. 온갖 장작더미에 나무를 쌓아놓은 것이 바로 그 성스러운 단순이다.

160

"인간은 평등하지 않다." 정의가 내게 그렇게 말한다.

161

정의로운 원동력과 힘을 소유한 사람 이상으로 존경받을 만한 사람은 없다. 그 안에는 가장 높고 희귀한 미덕들이 동화되어 있고 숨겨져 있기 때문이다. 진실한 사람이 정의로워지려는 절대적인 의지를 갖는 한, 그의 진리 추구는 어디서든 위대하게 발현된다.

---

* 성직자들이 의로운 일이라는 믿음에서 어리석음을 저지르고 있음을 지적하는 표현. 부패한 가톨릭교회를 정화하고자 투쟁했던 인물 '얀 후스'가 화형당하면서 외친 말이 '성스러운 단순'이며 그를 화형 시킨 당대 성직자들을 비유하기 위해 사용된다.

162

위대함을 위해 노력하는 것은 불충不忠한 짓이다. 위대함을 가진 자는 선함을 위해 노력한다.

163

위인이 위대한 것은 그에게 욕망의 자유가 있기 때문이고 이 욕망이라는 찬란한 괴수를 부릴 줄 아는 더욱 큰 힘이 있기 때문이다.

164

욕망은 우리가 갖고자 하는 것을 확대시킨다. 성취되지 않을수록 더욱 그렇다. 사물에 대한 우리의 욕망이 커질수록 우리는 사물에 점점 더 많은 가치를 부여한다.

165

욕망은 절제하기보다 단념하기가 더 쉽다.

166

삶의 짐이 너무 무거운가? 그렇다면 삶의 짐을 더욱 늘려야 한다.

167

모든 위인은 위대한 일꾼이었다.

168

기본적으로 승리가 있는 곳에만 명랑함이 있다. 승리한 사람과 가까이 있는 것보다 더 기쁘고 더 좋은 일은 없다. 승리한 자들만이 가장 깊은 생각을 해왔기 때문이다. 바로 그 때문에 가장 활기찬 것을 사랑하고 현명한 사람으로서 아름다운 것에 기대지 않을 수 없다.

169

참된 사상가는 진지함을 표현하든, 농담을 하든, 인간적인 통찰력을 표현하든, 신성한 관대함을 표현하든 언제나 유쾌하고 상쾌하다.

170

성공은 늘 이기는 것만이 아니라 때로는 이기고 싶어 하는 마음에 있다.

171

승자는 우연을 믿지 않는다.

172

자신을 깊이 아는 사람은 투명해지려고 노력하며 군중에게 깊은 것처럼 보이고 싶어 하는 자는 불투명해지려고 한다. 군중은 바닥이 보이지 않으면 일단 깊다고 간주하기 때문이다. 군중은 너무 겁쟁이라 물속으로 들어가기를 꺼린다!

173

사람들 간의 모든 상호작용은 상대의 영혼을 읽을 수 있다는 사실에 근거한다. 그리고 공통의 언어는 공통의 영혼에 공명하는 표현이다. 상호작용이 더 친밀하고 부드러워질수록 언어는 공통된 영혼과 함께 더 풍요롭게 성장하거나 위축된다.

174

위대한 자는 소박한 자들을 대변한다.

모든 종류의 슬픔과 영혼의 곤궁에 맞서 맨 먼저 식생활의 변화와 육체적으로 거친 노동을 시도해야 한다. 그러나 사람들은 그럴 때 도취의 수단, 예를 들면 예술과 같은 재앙을 붙잡는 데 익숙해져 있다! 여러분은 환자로서 예술을 갈망하면 예술가들을 병들게 한다는 사실을 대체 깨닫지 못하는가?

선을 행하는 것만으로는 충분치 않다. 그것을 욕망해야 한다. 시인의 말에 따르면 신성을 자신의 의지 속에 받아들여야 한다. 아름다움을 원치 않은 채로 새로운 욕심 없이 순수하고 맹목적으로 그것을 할 수 있어야 한다. 완벽한 사람을 찾기 위해 등불을 밝히는 자는 항상 선을 위해 행동하고, 그 과정에서 아름다움에 대해 생각하지 않으면서도 결국은 아름다움을 성취한다는 특질을 명심하라.

차별적인 탁월함을 추구하는 자는 끊임없이 이웃에 주목하고 그의 기분이 어떠한지 알고 싶어 한다. 비록 매우 간접적

이고 단지 느끼기만 하거나 꿈꾸기만 하는 것일지라도 이
는 이웃을 제압하려는 노력이다.

178

허영심 많은 자는 자신에 대한 모든 좋은 의견을 들을 때마
다 기뻐한다. 모든 나쁜 의견에 고통받는 것과 마찬가지로
말이다. 그는 자신에게 있는 가장 오래된 복종 본능으로 그
두 의견에 복종한다. 자신에 대한 좋은 의견을 갖도록 유혹
하는 허영심 많은 자의 핏속에 있는 것은 바로 노예다. 허영
심은 저급한 것의 재발로서의 격세유전이다.

172

허영심이 엇비슷하게 많은 두 사람이 만나면 서로에 대한
나쁜 인상을 남긴다. 이는 각자가 상대방에게 주고 싶은 인
상에 너무 몰두하는 바람에 상대방이 그에게 아무런 인상
을 주지 못했기 때문이다.

180

허영심은 사실은 그렇지 않음에도 불구하고 자신을 개인으
로, 이를테면 종속적인데도 독립적인 존재로 나타내려는

무의식적인 경향이다. 지혜는 그 반대다. 지혜는 독립적인 데도 자신을 종속적인 모습으로 나타낸다.

<h2 style="text-align:center">181</h2>

현재 시장의 의견은 앞으로 닥칠 일에 대해서는 아무런 의미가 없으며 단지 이미 일어난 일에 대해서만 의미가 있을 뿐이다.

<h2 style="text-align:center">182</h2>

명성을 얻으려는 자는 누구나 늦지 않게 명예와 작별하고 적절한 시기에 떠나는 어려운 기술을 연마해야 한다.

　가장 맛이 좋을 때 먹는 것을 그만두어야 한다. 오래 사랑받기를 원하는 자는 이러한 사실을 알고 있다.

<h2 style="text-align:center">183</h2>

바야흐로 큰 존경을 받으면서 식탐 부리지 않고 조금 먹을 때 그는 가장 자비로운 사람이 된다.

<h2 style="text-align:center">184</h2>

사람들이 빛을 향해 몰려드는 것은 더 잘 보기 위해서가 아

니라 더 잘 빛나기 위해서다. 누군가 앞에서 빛을 발하면 그들은 기꺼이 당신을 빛으로 받아들인다.

185

재능이란 우리 조상의 단계에서든 그보다 더 이전에서든 배우고, 경험하고, 연습하고, 습득하고, 체득하는 오래된 행위를 일컫는 다른 명칭일 뿐이다! 그리고 다시금, 배우는 자는 자기 자신에게 재능을 부여한다.

186

배움은 우리를 변화시키고 모든 영양이 주는 일을 하며 생리학이 그렇듯 겨우 유지만 시키지 않는다.

187

교육은 가장 고귀한 정신의 불멸이다.

188

배고픔 없이, 즉 필요치 않은데도 과도하게 흡수한 지식은 더 이상 외부적인 동기로 변형되어 작동하지 않는다. 그 지식은 현대인의 이상한 자부심으로서 자기만의 독특한 '내면성'이라고 칭하는 어떤 혼란스러운 내부 세계에 숨겨진다. 사람들은 그 지식이 그저 머릿속에 내용은 있되 표현할 방법만 부족할 뿐이라 말할지도 모른다. 하지만 살아 있는 모든 것에게 이는 매우 보기 흉한 모순이다. 우리의 현대 교육은 이 모순 없이는 이해될 수 없기에 살아 있는 진정한 교육이 아니다. 다시 말해 현대 교육은 결코 진정한 교육이 아니라 교육에 대한 일종의 지식일 뿐이다. 거기에 남은 것은 교육이라는 관념과 교육에 대한 느낌뿐이며 교육적 결론이 나오지는 않는다.

5

정치권력의 쳇바퀴가
되지 말아라

〜

**국가적 우상이 아닌
개개인의 인간성이 중요하다**

189

내가 반대하는 것은 경제적 낙관주의이다. 모두가 지불하는 비용이 증가하면 모두의 이익도 반드시 증가해야 하는 것처럼 말이다. 내가 보기에는 그 반대다. 모두의 비용이 합산되어 총손실이 발생하고, 인간은 더욱 약소해진다. 그래서 무릇 이 거대한 과정이 무엇에 도움이 되었는지 더 이상 알 수 없게 된다. 무엇을 위해? 또 새로운 무엇을 위해? 인류가 필요로 하는 것은 바로 이 '무엇'이다.

190

유능한 장인이나 학자가 자신의 기량에 자부심을 갖고 인생을 흡족하고 만족스럽게 바라보는 모습은 '좋아' 보인다. 반면 고통스러운 표정으로 자신이 원래 더 '나은' 목적을 위해 태어났다고 말하는 구두 수선공이나 학교 선생님보다 더 애처롭게 보이는 것은 없다. 결코 '좋은' 것보다 더 '나은' 것은 없다! 말하자면 좋은 것은 어떤 기술과 유능함을 지닌다는 뜻이고, 그것으로부터 창조해 낸다는 말이다.

191

창조는 고통에 대한 위대한 구원이며 삶을 편하게 해준다.

192

직업은 인생의 근간이다.

193

많은 사람의 재능이 실제보다 못해 보이는 것은 그가 항상 너무 큰 목표를 설정했기 때문이다.

194

그 누구도 궁극적으로 자신이 가진 것보다 더 많은 것을 소비할 수 없다. 이는 개인과 국가 동시에 해당한다. 국가의 권력, 위대한 정치, 경제, 국제 교류, 의회주의, 군사적 이익에 힘을 다 쓴다면, 혹은 반대로 개인의 지성, 진지함, 의지, 자기 결정이라는 몫에 양도한다면, 반대쪽은 부족해진다. 문화와 국가는―이러한 사실에 대해 자신을 속이지 마라―적대 관계이다.

195

국가가 잘 조직될수록 인간성은 그만큼 더 시원찮아진다.

196

국가는 상호 개인 간을 보호하기 위한 하나의 현명한 조직이다. 그러나 각 개인의 고귀함을 과장하다 보면 개인들은 그로 인해 오히려 약화하고 결국 해체된다. 즉 국가의 본래 목적이 가장 철저하게 좌절되는 것이다.

197

사람들은 이제 "과학이 삶을 지배하기 시작했다"라는 사실에 의기양양하다. 충분히 그럴 수 있다. 그러나 그런 방식으로 지배되는 삶은 가치가 없다. 지식이 아니라 본능과 강력한 환상에 의해 지배되었던 예전 삶보다 훨씬 하찮고 미래를 보증해주지 못하기 때문이다. 완전하고 성숙하며 조화로운 인격의 시대가 아닌 공통적이고 최대한 유용한 노동의 시대가 되어야 한다고 흔히들 말한다. 그렇지만 이 말은 인간이 가능한 한 빨리 사회에 노동력을 주기 위해 시대의 목적에 맞게 훈련되어야 한다는 것을 의미할 뿐이다. 즉 그들이 인간적으로 성숙해지기 전에, 더 이상 성숙해지지 않도록 보편적인 공리만을 가져다주는 공장에서 일해야 한다는 것이다. 인간적 성숙함은 노동시장으로부터 많은 힘을 빼앗는 사치가 될 것이기 때문이다.

198

노동에 대한 찬미 속에서, 노동의 축복에 관한 지칠 줄 모르는 이야기에서 나는 비개인적인 공익 행위에 대한 칭찬과 같은 속내, 즉 모든 개개인에 대한 두려움의 속내를 본다. 기본적으로 지금 사람들은 노동 행위를 보고―사람들은 항상 아침부터 밤까지 열심히 일한다고 생각한다―그러한 일이 최고의 단속 경찰이라고 생각한다. 모든 사람을 통제하고, 이성과 탐욕, 독립심의 발전을 강력하게 저해할 줄 안다. 노동이 엄청난 양의 정신력을 소모하며 사유, 천착, 꿈, 걱정, 사랑, 증오를 앗아가기 때문이다. 노동은 항상 작은 목표를 눈앞에 설정하여 쉽고 규칙적인 만족을 준다. 그러므로 사람들이 계속 열심히 일하는 사회는 훨씬 더 '안전'할 것이다. 그리고 지금 그 안전은 최고의 신으로 숭배된다. 그리고 이제! 경악스럽게도! 바로 그 노동자가 '위험'해졌다! 노동자 집단은 위험한 사람들로 우글거린다! 그리고 그 위험한 사람들 뒤에는 위험 중의 위험인 '개인'이 있다!

199

문화는 정치적으로 쇠약해진 시대에 가장 큰 빛을 지고 있다.

200

인간적인 우위 없는 정치적인 우위가 가장 큰 해악이다. 정치적 우위를 만회하고 회복하는 법을 찾아야 한다. 자신의 권력을 부끄러워해야 한다.

201

인간을 숭배할 때마다 항상 문화의 가장 큰 재앙이 있었다.

202

모순을 받아들일 수 있다는 것은 문화의 높은 징표이다.

203

조롱을 견딜 수 없는 통치자는 올바른 통치자가 아니다.

204

국가란 결코 진리에는 관심이 없고 항상 자신에게 유용한 진리, 더 정확히 말하자면 진리든 반쯤 진리든 오류든 무릇 자신에게 유용한 모든 것에만 관심이 있다.

205

광기는 개인에게는 드물지만, 집단, 정당, 민족과 시대에는 흔한 규칙이다.

206

극단적인 입장은 그보다 완화된 입장으로 대체되지 않고 여전히 극단적이지만 반대되는 입장으로 다시 대체된다.

207

이런! 당신은 완전히 바퀴가 돼야 하거나 바퀴들 아래로 떨어져야 하는 시스템에 들어가고 싶어 한다! 그곳 모두가 위에서부터 왔다는 사실은 말할 필요도 없다! 연줄을 찾는 것이 당연한 의무인 곳에서 말이다! 언젠가 쓸모 있겠다는 말로 누군가 주목받을 때 아무도 모욕적이라고 느끼지 않는 곳이다! 후원을 간청하려고 누군가를 방문하기를 부끄러워하지 않는 곳이다! 그러한 관습에 편입함으로써, 다른 사람들이 별다른 책임감을 느끼지 않고 아무렇게나 소모하고 깨뜨릴 수 있는 싸구려 도자기로 자신을 영영 특징지었다는 것을 예감조차 하지 못하는 곳이다.

208

권력을 잡으면 비싼 대가를 치르게 된다. 권력은 사람을 멍청하게 만든다.

209

기관과 제도는 더 이상 아무런 쓸모가 없다. 사람들은 이에 만장일치로 동의하지만 그건 제도 탓이 아니라 우리 탓이다.

210

어쩌면 우리는 지금 의회주의 교육을 받은 젊은 세대들 사이에서 도덕적이라고 여겨지는 것, 즉 당의 정치를 자신의 지혜보다 우선시하고 공익의 모든 질문에 당의 돛에 좋은 바람을 불러일으키는 방식으로 대답하는 것에 한 번 비웃어야 할지도 모른다.

211

"인간은 이러저러해야 한다"라고 말하는 것은 얼마나 순진한가! 현실은 우리에게 인간 유형의 매혹적인 풍부함, 화려한 유희와 다채로움을 보여준다. 그리고 어떤 한심하고 가련한 도덕주의자는 이렇게 말한다. "아니! 인간들은 이와 같아야 한다!" 이 불쌍한 투덜이는 심지어 자신이 어떻게 되어야 하는지도 알고 있다. 그는 벽에 스스로를 그려놓고 "이 사람을 보라!"라고 말한다.

212

대중이 저열하고 개인적이지 않을수록 통계법은 그만큼 엄격해진다. 그러나 대중이 더 세련되고 고상하게 구성되어 있으면 법은 아무짝에도 소용없어진다.

213

모든 정당은 정당 바깥에서 성장한 것을 하찮은 것으로 폄하하려고 하고 우수한 성장일수록 더욱 가혹하게 적대시

한다.

<h2 style="text-align:center">214</h2>

정당에서의 용기―불쌍한 양들은 자기 무리를 이끄는 우두머리에게 말한다. "항상 길을 인도하라. 그러면 우리는 결코 당신을 따를 용기가 부족하지 않을 것이다." 그러나 불쌍한 우두머리는 홀로 이렇게 생각한다. "항상 나를 따르라. 그러면 나는 결코 당신들을 이끌 용기가 부족하지 않을 것이다."

<h2 style="text-align:center">215</h2>

사람들은 자신에게 길을 잃었을지도 모른다고 설득하는 사람이면 누구든 서슴없이 따라간다. 그들에게 길이 있다고 들리도록 아첨하기 때문이다.

<h2 style="text-align:center">216</h2>

생각이 많은 사람은 당원이 되기에 적합하지 않다. 정당에 대해 너무 성급히 생각해 반대 당으로 가버리기 때문이다.

217

정신을 지닌 자만이 재산을 가져야 한다. 그렇지 않으면 소유는 공공의 위험이다. 재산이 부여하는 자유 시간을 활용할 줄 모르는 재산가는 재산을 계속 얻으려고 노력할 것이다. 이 노력은 그에게 오락이자 지루함과 싸우는 전략이 된다. 결국 정신적인 사람에게는 충분할 재산으로부터, 정신적인 결핍과 빈곤의 눈부신 결과로서 그는 실제적인 부를 축적한다. 하지만 교육과 예술로 변장할 수 있기에 전혀 가난한 출신으로 보이지 않는다. 가면을 살 수 있는 것이다.

218

우리 시대는 단 한 종류의 부자, 즉 자신의 부를 부끄러워하는 사람만 용납할 수 있다.

219

재산은 어느 정도까지만 사람을 독립적이고 자유롭게 만든다. 한 걸음 더 나아가면 재산은 주인, 재산가는 노예가 된다.

220

인생이 한때 당신을 약탈하고 온갖 종류의 명예, 기쁨, 애착, 건강과 재산을 앗아 갔다면, 처음 느낀 두려움 이후에는 어쩌면 이전보다 더 부유해졌다는 사실을 발견할지도 모른다. 이제야 비로소 강도의 손이 닿을 수 없는 자신의 고유한 것이 무엇인지 알게 되기 때문이다.

6

뇌의 주인임을 믿고
주체적으로 사고하라

생각하는 것은 뇌가 아니라
우리 자신이다

221

미적 현상으로서 우리는 여전히 견딜 만한 존재이다. 예술을 통해 우리는 눈과 손, 무엇보다 우리 자신으로부터 미적 현상을 만들어 낼 수 있는 좋은 감각을 부여받았다. 때때로 우리는 자신으로부터 쉬어야 한다. 그럼으로써 자신을 위아래로 바라보고, 예술적 거리감을 통해서 자신을 향해 웃거나 울 수 있게 된다.

222

전반적으로 나는 철학자들보다 예술가들의 의견에 동의한다. 예술가들은 삶이 흘러가는 위대한 궤적을 잃지 않고 이 세상의 것들을 사랑한다. 그들 자신의 감각을 사랑한 것이다. 감각 둔화를 위해 노력하는 건 단지 위선이나 기만이 아니라 오해나 질병 또는 치료법 같다. 나와 더불어 청교도적인 양심의 불안 없이 살아가는 모든 이들은 자신의 감각을 더 향상하고 증식시키기를 바란다. 그렇다. 우리는 섬세하고 충만한 감각, 감각적인 힘에 감사하며 그 대가로 우리가 지닌 최고의 정신력을 바치고자 한다.

괴테처럼 세상의 것들에 더욱 큰 기쁨과 진심으로 매달리는 것은 성공적인 삶의 징표이다. 괴테는 이런 식으로 인간이 자신을 변혁하는 법을 배우면 현존재의 변혁가가 된다는 인간의 위대한 견해를 고수한다.

223

늘 사물의 논증을 파고들려 하면 파멸에 이른다.

224

자신을 인정하지 않으려는 보통 사람들은 매우 교묘하고 교활하다.

225

우리는 모든 것의 완벽함을 위한 질문을 생략하는 데 익숙해져 있다.

226

실패가 있는 곳이라면 어디든 비난의 대상이 된다.

227

자신의 어리석음을 부끄러워해서는 안 된다. 그렇지 않으면 우리의 지혜는 그다지 가치가 없다.

228

몇 마리 벌레가 있는 것 정도는 정신의 성숙에 반하지 않는다.

229

일상 일과가 끝나고 피곤할 때 자기 하루와 삶을 깊이 되돌아보는 사람은 대개 우울한 생각에 잠긴다. 하지만 이는 하루와 삶 때문이 아니라 피로 때문이다. 일할 때는 삶과 존재를 판단할 시간을 갖지 않으며 이를 즐기는 와중에도 마찬가지이다.

230

용감하고 창의적인 사람들은 쾌락과 고통을 결코 궁극적인 가치로 보지 않는다. 쾌락과 고통은 늘 함께하므로 무언가를 성취하려면 둘 다 원해야 한다.

231

가장 높은 산들은 어디서 오는 것일까? 언젠가 물은 적이 있다. 그러다 산은 바다에서 온다는 것을 알게 되었다. 가장 높은 것은 가장 낮은 곳에서부터 그 높이로 올라오는 법이다.

232

인간의 운명은 행복한 '순간'을 위해 정해진다. 모든 삶에는 그런 순간이 있다. 하지만 행복한 '시간'을 위해 정해지지는 않는다.

233

어떻게 해야 구원받을 수 있는가? 복 많이 받으시고 할 일을 하라.

234

'일적인 기쁨'이라고 사람들은 말한다. 하지만 실제로는 일을 매개로 한 기쁨 그 자체다.

235

살아 있는 모든 것은 순종적이다.

236

아무것도 할 일이 없는 사람에게는 무無가 할 일을 만들어 준다.

237

뭐든 직접 해봐야 알 수 있다는 말은 그만큼 해야 할 일이 많다는 뜻이다!

238

소위 실용적인 사람들은 모두 봉사의 재능을 가지고 있으므로 다른 사람을 위해서든 자신을 위해서든 실용적으로 행동한다.

종속된 상태를 벗어나며 자신의 마지막 가치마저 던져버리는 자가 적지 않다.

자신의 영혼을 보여주고자 하는 자는 자신의 반대 면 또한 많다는 것을 알게 해준다.

우리 중 가장 용감한 사람조차도 자신이 실제로 알고 있는 것을 말할 용기를 내는 경우는 드물다.

위대한 사건과 생각은—그러나 위대한 생각이 곧 위대한 사건이다—가장 늦게 이해된다. 그들과 같은 시대에 사는 세대는 경험하지 못하고 스쳐 지나며 살아간다. 별의 영역에서도 같은 일이 일어난다. 가장 멀리 있는 별들의 빛은 가장 늦게 인간에게 도착하고 별빛이 도착할 때까지 인간은 거기에 별이 있다는 사실을 부인한다.

243

어떤 사건이 위대해지려면 그것을 성취하는 사람의 위대한 감각과 그것을 동시대에서 경험하는 사람의 위대한 감각, 이 두 가지가 함께 만나야 한다.

244

생각을 하는 것은 뇌가 아니라 우리 자신이다.

245

이중 잣대를 가지고 살지 마라! 이론과 실천을 분리하지 마라!

246

나는 우리가 잘 행동하기 위해 항상 잘 생각하는 것 외에 다른 방법을 알고 있는지 묻는다.

247

생각은 행동이다.

248

진정한 사상가는 여가만을 갈망하지만, 평범한 학자는 여가를 가지고 어떻게 해야 할지 알지 못하기 때문에 여가를 피해 달아난다. 그의 위안은 책이다. 즉 그는 다른 사람이 어떻게 생각하는지 경청하면서 긴 하루를 종일 즐겁게 보낸다.

249

활동적인 사람은 일반적으로 더 높은 층위의 활동, 즉 개인으로서의 활동이 부족하다. 그들은 공무원, 상인, 학자 즉 총칭적인 존재로서 활동적이지만 개별적이고 유일무이한 존재로서 활동적이지 않다는 점에서 게으르다.

250

기본적으로 책만 '뒤적이는' 학자는 결국 자기 스스로 사고하는 능력을 완전히 잃게 된다. 책을 뒤적이지 않을 때는 생각하지 않는다.

251

지진이 일어나면 도시가 무너지고 황폐해지듯, 그리고 인간이 화산 지반 위에 그저 떨면서 덧없이 집을 세우듯, 과학이 불러일으키는 정보화된 삶이 인간의 안전과 평온, 지속적이고 영원함에 대한 믿음의 토대를 박탈하면 삶 자체가 내적으로 무너지고 허약해지며 낙담하게 된다. 이제 삶이 과학과 지식을 지배해야 하는가, 아니면 지식이 삶을 지배해야 하는가? 삶이 더 고귀한 지배적 권능이라는 사실을 의심하는 사람은 아무도 없을 것이다. 삶을 파괴한 지식은 이와 함께 자기 자신도 파괴해 버릴 것이기 때문이다.

252

일어난 일에 대한 수학적 공식을 가지고 있다는 데에서 무언가가 인식된다는 망상이 있다. 그것은 다만 설명되고 기술될 뿐 그 이상 아무것도 아니다!

253

반쪽짜리 지식은 온전한 지식보다 더 승리한다. 사물을 실제보다 더 단순하게 알고 있으면 의견을 더 이해하기 쉽고 설득력 있게 만들 수 있기 때문이다.

7

평판으로부터 자유로워져라

고난을 무릅쓰고도
자신의 경험과 열정만을 따라야 한다

254

때때로 악마가 다른 악마를 쫓아내는 것은 사실이지만, 그 다음엔 결국 다른 악마를 가지게 될 것이다.

255

나는 수많은 진실이 승리하는 것을 보았다. 하지만 그 일은 항시 100가지 오류의 자비로운 도움을 통해 이루어졌다.

256

강력한 방향은 모두 일방적이다.

257

과학은 지혜이며 미덕은 거룩함이다. 과학은 차갑고 건조하며 사랑이 없고 불만과 그리움이라는 깊은 감정에 대해서는 아무것도 모른다.

258

우리를 일으켜 세우는 사람들은 누구인가? 이들은 참된 사람, 더 이상 짐승이 아닌 사람, 철학자, 예술가와 성인들이다. 이들이 출현할 때 도약하는 법 없던 자연은 유일하게 도약한다. 그것도 기쁨의 도약을.

259

모든 의식적 존재, 동물, 인간, 인류 등의 발전에서 무의식적 목표가 '최고의 행복'이라는 것은 사실이 아니다. 오히려 발전의 모든 단계에는 더 높거나 낮지 않으며 특별하고 비할 데 없는 행복이 성취된다. 발전은 행복을 원하지 않고, 발전 그 자체 이외에 다른 아무것도 원하지 않는다.

260

우리의 감각은 그것들이 작용하는 일정량을 가지고 있다.

즉 우리는 실존의 조건과 관련하여 크고 작은 것들을 느낀다. 만약 감각이 열 배로 강화되거나 둔해진다면 우리는 파멸할 것이다. 우리는 실존과 관련하여 양을 질로 느끼기도 한다. 감각적인 모든 양이 곧 질을 나타내는 표시가 되어야 하지 않겠는가?

261

인간은 거대한 힘의 소용돌이 속에 서서 이 소용돌이가 이성적이고 합리적인 목적을 가지고 있다고 생각한다. 이는 틀렸다! 우리가 아는 유일한 이성적인 것은 인간에게 있는 조금의 이성뿐이다. 인간은 이성을 매우 힘껏 발휘해야 한다. 가령 '자연의 섭리'에 자신을 맡기면 파멸을 초래한다.

262

다른 사람의 경험을 바라볼 때와 같은 시선으로 자기 경험을 바라보는 것은 매우 안심할 수 있고 권장할 만한 약이다. 반면 다른 사람의 경험을 마치 자신의 경험인 양 바라보고 받아들이는 것(연민의 철학이 요구되는 것)은 아주 짧은 시간 내에 우리를 파멸시킬지도 모른다. 그런 식으로 시도해보되 환상은 갖지 마라!

263

수두룩한 문제에서 벗어날 수 있는 유일한 방법은 그 문제에 손대지 않는 것이다.

264

남의 평가에 늘 귀 기울이는 사람은 곤경에 처하기 마련이다.

265

나에 대해 하는 말을 매일 듣거나, 남들이 나에 대해 어떻게 생각하는지 숙고하는 것은 가장 강한 사람마저 파괴해버린다.

266

우리가 자유로운 자연에 있기를 좋아하는 이유는 자연이 우리 자신에 대한 아무런 의견이 없기 때문이다.

267

열정적인 사람들은 타인이 무슨 생각을 하는지 거의 생각하지 않고 허영심과 무관한 상태에 있다.

268

경험이란 무엇인가? 이미 들어 있는 것에 보다 훨씬 더 많이 쏟아붓는 것이다!

269

실패하는 것과 멸시받는 것은 자유로워지기 위한 좋은 방법이다.

270

용기와 좋은 일로 가득 찬 마음에는 때때로 약간의 위험이 필요하다. 그렇지 않으면 세상을 견디기 힘들어진다.

271

고난은 꼭 필요하다!

272

자살에 대한 생각은 무수한 나쁜 밤을 극복할 수 있는 강력한 위로제이다.

273

모든 끝이 곧 목표가 되는 것은 아니다. 멜로디의 끝이 목표는 아니지만 그럼에도 멜로디가 끝에 도달하지 못했다면 목표에도 도달하지 못한 것이다.

274

인생에 '왜'를 가지고 있다면 우리는 '어떻게'와도 화합할 수 있다.

275

결정적인 모든 것은 '그럼에도 불구하고' 만들어진다.

276

강해지려는 절실한 욕구가 있어야 한다. 그렇지 않으면 결코 강해질 수 없다.

277

영혼의 만성 질환은 몸의 질병과 마찬가지로 신체와 영혼의 이성을 거스르는 한 번의 중대한 위반으로만 발생하는 것이 아니라 대개 무수한 눈에 띄지 않는 작은 과실로 인해 발생한다. 자신의 영혼을 치유하려는 사람은 가장 작은 습관의 변화에 대해 깊이 생각해야 한다.

278

때로는 약간의 건강이 아픈 사람에 대한 최상의 치료법이다.

279

질병 자체는 삶의 자극제가 될 수 있다. 다만 이 자극제를 감당할 만큼 충분히 건강해야 한다!

280

보통 사람들은 철학에서 대충, 아주 대충 이해하는 것 외에는 아무것도 배우고 싶어 하지 않고 자신이 배운 것에 몰두한다. 가장 고상한 철학자들조차도 철학의 진정시키고 위로하는 힘을 너무나 강조하기 때문에 불안하고 나태한 사람들은 자기가 철학이 추구하는 것과 같은 것을 추구하고 있다고 생각할 수밖에 없다.

반면 내 생각에 모든 철학의 가장 중요한 질문은 사물들이 얼마나 변하지 않는 본질과 형상을 가지고 있는가이다. 이 질문에 답이 나오면 변할 수 있다고 믿는 세계의 측면을 개선하기 위해 더없이 가차 없는 용기를 가지고 돌진하기 위해서이다. 이것이 바로 진정한 철학자들이 자신의 지혜를 혼자만 간직하지 않고 인간의 통찰력을 향상시키기 위해 노력함으로써 행동으로 가르치는 것이다.

281

모든 윤리는 잔인하고 장난스럽게 행동하는 자연과 달리 우리가 각 개인을 무한히 중요하게 여기는 데서 시작된다.

282

악습은 결코 원인이 아니다. 악습은 결과이다.

283

말하고 쓸 수 있는 능력은 자유로워지는 것을 의미한다. 물론 그 능력에서 항상 최고가 나오는 것은 아니지만 최고인 것이 눈에 보이고 그러한 단어와 색을 찾아내는 것은 좋은 일이다.

284

타인의 미덕에 대한 지나친 동경으로 자기 고유한 미덕에 대한 감각을 잃을 수 있으며 종내에는 수행 부족으로 타인의 미덕을 대체물로 받지도 못한 채 미덕 자체를 잃어버릴 수 있다.

285

한 사람의 미덕을 선하다고 하는 것은 그 미덕이 자신에게 미치는 영향이 아니라 우리와 사회에 미치리라 기대하는 영향을 고려한 관점이다.

286

'제물을 바친 자에 대한 찬사?'

제물을 바친 자는 그가 무언가를 원했고 곧 그것을 얻었다는 것을 안다. 즉 더 많은 것을 가지기 위해, 어쩌면 더 많은 것이 되기 위해, 혹은 더 많은 것을 느끼기 위해 여기에 자신을 바쳤다는 것을 알고 있다.

287

좋은 평판을 위해 한 번쯤 자신을 희생하지 않은 사람이 누가 있겠는가?

288

미덕은 자기 미덕에 대한 선한 믿음을 가진 자들에게만 행복과 축복을 준다. 하지만 자신을 포함한 모든 미덕에 대한 깊은 불신을 품은, 보다 순수하고 정교한 영혼의 소유자에게는 그렇지 않다. 곧 "믿음이 우리를 축복한다"! 그리고 미덕이 축복하는 것이 아님을 유념하라!

289

외부로 방출되지 않는 모든 본능은 내면으로 향한다. 이것이 내가 인간의 내면화라고 부르는 것이다. 여기에서 비로소 영혼이라고 불리는 인간의 내면이 자라난다.

290

인간과 자연을 분리하고 구별하는 것이 인간성일지 모른다는 생각이 밑바탕에 깔려 있지만 실제로는 그러한 분리가 존재하지 않는다. '자연적'인 특성과 '인간적'이라고 불리는 특성은 불가분의 관계로 유착되어 있다.

291

우리는 취향에 맞는 것을 칭찬한다. 즉 무언가를 칭찬할 때

는 우리의 취향을 칭찬하는 것이다. 이는 모든 객관적으로
훌륭한 취향을 저버리는 것 아닌가?

292

무수하지만 아주 적은 양으로도 효과를 내는 악은 삶의 강
력한 자극제이다. 인간계에 같은 형태로 퍼져 있는 선이 항
상 준비된 치료제인 것처럼.

293

사상가를 절망에 빠뜨리는 것 중 하나는 비논리적인 것이
인간에게 꼭 필요하고, 비논리적인 것에서 선함이 생겨난
다는 인식이다. 이 비논리는 열정, 언어, 예술, 종교, 그리고
일반적으로 삶에 가치를 부여하는 모든 것에 확고하게 뿌
리내리고 있어서 이 아름다운 것들에 절망적인 손상을 입
히지 않고서는 뽑아낼 수 없을 정도다.

　아무리 이성적인 사람이라도 자연을 수시로 다시 필요로
하는데, 그것은 기본적으로 만물에 대한 그의 비논리적인
태도이다.

294

현실에서 논리와 엄밀하게 일치하는 것은 아무것도 없다.

8

그대 자신의 스승이자
창조자가 되어라

인생이란 숙명도 사기도 아닌
끝없는 깨달음을 위한 실험이다

295

인간이 '자신을 세상 모든 존재의 목적으로 여긴다'는 말에 담긴 유머를 완전히 맛보기 위해서는 인간보다 더 지적인 피조물이 존재해야 할 것이다.

296

사치에 대한 욕구는 항상 내면의 영혼 없음을 나타낸다. 마치 무대 배경에 에워싸여 있는 것처럼 말이다. 그는 충만하고 실제적인 존재가 아니라 자신과 다른 사람들 앞에 어떤 사물을 내세워야 하는 존재에 불과하다. 나는 영혼이 있는 사람은 많은 고통과 결핍을 견디면서도 행복할 수 있다고 생각한다.

297

우리 주변에는 유령이 일으키는 것만 같은 일이 일어나 삶의 매 순간 우리에게 무언가를 말하고 싶어 한다. 하지만 우리는 이 유령 같은 목소리를 듣고 싶지 않다. 우리는 혼자 조용히 있을 때 무언가가 귀에 속삭이는 것을 두려워한다. 그래서 정적을 싫어하고 사교 모임으로 감각을 마비시킨다.

298

자신에 대한 그릇된 사랑은 고독을 감옥으로 만들어버린다.

299

고독은 우리 자신에 대해 더 엄격하게 만들고 인간을 더 갈망하게 만든다. 두 모든 측면에서 고독은 인격을 향상시킨다.

300

정상을 유지하기 위해 끊임없이 극복해야 하는 저항의 정도는 개인과 사회를 위한 자유의 척도이다. 개인의 자유, 즉 주권의 가장 높은 형태는 노예 상태의 위험성이 다모클레스의 칼*100자루처럼 나의 존재 위에 매달린 채 위협하는 곳에 있을 가능성이 높다. 머리 위에 다모클레스의 칼 100자루가 매달려 있다는 것은 그저 작은 이점이 아니다. 그로써 우리는 춤추는 법을 배우고 움직임의 자유를 얻는다.

301

불가피하게 명령권자에게 종속된 사람은 군주를 견제할 수 있고 두려움을 불러일으키는 무언가, 예를 들어 정의와 정직 또는 사악한 혀를 가져야 한다.

---

* BC 4세기 전반 시칠리아의 시라쿠사의 참주僭主 디오니시오스 1세와 그의 정신廷臣 다모클레스가 나눈 이야기에서 유래하는 말이다. 다모클레스는 참주가 되면 좋겠다고 하자 디오니소스 1세는 참주 자리란 머리 위에 날카로운 칼이 실 한 가닥에 매달려 있는 것과 같다고 이야기한다. "나는 항상 내 자리가 위태롭다는 것을 잊지 않기 위해 머리 위에 칼을 매달아 놓는다." 그 뒤 '다모클레스의 칼'은 높은 자리라는 것이 겉으로 보이는 것처럼 권력만 있는 것이 아니고 위험도 항상 뒤따른다는 뜻의 말이 되었다. 정치를 하는 사람은 누구나 자기 머리 위에 가느다란 실에 매달린 칼이 매달려 있다고 생각하고 매사에 조심하며, 최악의 상황을 대비해야 한다는 교훈을 담은 일화라 할 수 있다. 한편 셰익스피어는 『헨리 4세』에서 "왕관을 쓴 머리는 편안히 쉴 수 없다"라고 말했고, 케네디는 "핵무기는 우리 인류에게 다모클레스의 검과 같다"라며 핵의 위험성을 이야기했다.

302

만약 사람들이 조금이라도 사악한 생각을 지니고 있지 않다면 얼마나 더 많은 즐거움을 누리고 많은 슬픔과 괴로움을 면하겠는가!

303

영혼에도 오물을 흘려보낼 하수구가 있어야 한다.

304

우리가 어떤 것에 종속되어 있다고 느끼지 않는 한 우리는 자신을 독립적이라고 간주한다.

'의지의 자유'란 엄밀히 말하자면 새로운 사슬을 느끼지 않는 것 이상을 의미하지 않는다.

305

'본능'은 지금까지 발견된 모든 종류의 지능 중 가장 지능적이다.

306

만약 어떤 것이 우리의 인간화와 진정한 진보를 의미한다면

이는 과도한 반대, 무릇 어떠한 반대도 더 이상 필요치 않다는 말이다. 우리는 감각을 사랑해도 된다. 우리는 모든 감각을 거부하지 않고 정신화하여 예술적으로 만들 수 있다.

307

우리는 타인이 우리를 있는 그대로 알기를 바라는 대신 가능한 한 좋게 생각하길 바란다. 따라서 그들이 우리에게 속기를 간절히 원한다. 즉 우리는 자신이 유일무이한 존재라는 것을 자랑스럽게 여기지 않는다.

308

우리의 성격은 우리가 경험한 것보다 경험하지 못한 것에 의해 더 많이 결정된다.

309

사람이 자기 자신과 몇 걸음 더 가까이 있으면 이웃과는 항상 몇 걸음 더 멀리 떨어져 있다.

310

우리가 하는 일은 결코 이해받지 못하며 늘 칭찬과 비난을 받을 뿐이다.

311

깊은 생각을 하는 사람들은 다른 사람과의 소통에서 위선자처럼 느껴진다. 그들이 남에게 이해받기 위해서는 항상 겉치레를 해야 하기 때문이다.

312

모든 깊은 정신에는 가면이 필요하다. 그리고 모든 깊은 정신을 중심으로 가면은 계속해서 생겨난다. 그의 모든 단어, 발걸음, 살아 있는 징표에 대한 그릇되고 깊이 없는 해석 때문에.

313

평범함은 위대한 영혼이 쓰고 다닐 수 있는 가장 행복한 가면이다. 군중, 즉 평범한 자들이 가면 쓰는 것을 생각할 수 없게 만들기 때문이다.

314

타인의 높은 면을 보지 않으려는 사람은 자신의 낮은 면과

전면에 있는 것을 그만큼 더욱 날카롭게 바라보면서 자기
자신을 배반한다.

315

사물이나 사람에 대한 열광과 황홀경은 아무런 논거가 되
지 못한다. 혐오와 증오도 마찬가지이다.

316

소소한 자제력이 부족하면 큰 자제력을 발휘할 수 있는 능
력이 떨어진다. 매일이 잘못 사용되면 그다음 날에는 위험
이 뒤따른다. 자기 자신의 주인이 되는 기쁨을 유지하려면
작은 자제력을 단 한 번이라도 발휘하는 체조술이 필요하다.

317

예전에는 양심이 행동을 거부하므로 그 행동이 비난받을
만하다는 결론을 내렸다. 사실 양심이 어떤 행동을 거부하
는 이유는 그 행동이 오랫동안 비난받아 왔기 때문이다. 양
심은 단지 따라 말할 뿐이다. 즉 양심은 아무런 가치도 만들
어 내지 못한다. 이전에 특정 행동을 비난하기로 결정했던
것은 양심이 아니라 행동의 결과에 대한 이해(또는 편견)였

다. 양심의 동의, '자신과 평화롭게 지내는 것'의 쾌감은 결코 아무것도 증명하지 못한다. 자기만족은 그것의 결여가 사물의 가치에 대한 반론이기에 사물의 가치를 측정하는 척도가 될 수 없다.

318

나는 사물을 필수적으로 아름답게 보는 법을 점점 더 많이 배우려고 한다. 그리하여 사물을 아름답게 만드는 사람 중 한 명이 될 것이다. 나는 추한 것과 전쟁을 벌일 생각이 없다. 나는 비난하고 싶지 않고, 비난하는 사람들조차 비난하고 싶지 않다. 나는 언제나 긍정하는 자가 되고자 한다!

319

모든 강력한 기분은 관련된 감정과 기분의 공명을 불러일으키며 기억을 자극한다. 이런 식으로 감정과 생각이 재빨리 연결되고 이 연결들이 번개처럼 빠른 속도로 연이어 발생하면 이는 더 이상 복합체가 아니라 통일체로 느껴진다. 그러므로 사람들은 도덕 감정, 종교적 감정이 순전히 통일체인 양 말한다. 사실 그 감정들은 100가지의 원천과 지류가 있는 강들이다. 흔히 그렇듯이 단어의 통일성 또한 사물의 통일성에 대해 아무것도 보장하지 못한다.

320

가상 세계가 실제 세계보다 가치 없다고 누가 말하는가? 우리의 본능은 이와 같은 판단과 모순되지 않는가? 인간은 실제 현실보다 더 나은 세계를 원하기 때문에 영원히 허구 세계를 창조하는 것이 아닐까? 결국 지금과는 다른 세계가 가상 세계일 수 있다. 그리고 마지막으로, 무엇이 우리에게 현실의 실제 등급을 매길 권리를 부여할까? 그것은 미지의 세계와는 다른 무엇이다. 그것은 미지의 세계를 알고자 하는 욕구이다.

321

모든 사람은 각자의 존재 방식에 따라 특권도 지닌다. 평범한 자들의 특권을 과소평가하지 말라. 높은 곳을 향하는 삶은 점점 더 힘들고 냉담해지고 책임감이 커진다. 높은 문화는 하나의 피라미드이다. 그것은 넓은 기반 위에서만 설 수 있다. 곧 뭐니 뭐니 해도 강력하고 건전하게 공고히 된 평범함을 전제로 한다. 평범함에 이의를 제기하는 것은 깊은 정신을 가진 사람에게 전혀 합당하지 않다. 평범함은 그 자체로 예외가 존재하기 위한 첫 번째 필요조건이다. 높은 문화는 평범함에서 비롯된다.

322

명랑함, 좋은 양심, 기쁨을 주는 행위, 다가올 일에 대한 확신. 이 모든 것은 개인뿐만 아니라 군중에게도 분명하게 눈에 보이는 밝은 것과 불분명하고 어두운 것을 구분하는 경계선, 적절한 때에 기억하는 것처럼 적절한 때에 잊는 법을 아는 것, 역사적으로 느낄 필요가 있는 때와 역사와 무관하게 느낄 필요가 있는 때를 강한 본능으로 감지해낼 수 있느냐에 달려 있다.

323

작은 깨달음 하나하나는 그 자체로 큰 만족감을 준다. 그렇지만 이 만족감은 진리 때문이 아니라 진리를 발견했다는 믿음 때문이다.

324

진실된 발화는 타인들에게 사악함의 발로처럼 보인다. 그들의 어중간함과 허튼소리의 보존을 인류의 의무로 여기기 때문이다. 따라서 자기들의 놀잇감을 파괴하려면 반드시 사악해야 한다고 생각한다. 솔직히 말해 상황이 나아지기 위해서는 우리가 상당히 사악해질 필요가 있다.

325

믿음이 우리를 구원하지 않는다면 아무도 믿지 않을 것이다.

326

인간 본성의 선함에 대한 맹목적인 믿음, 인간의 행동을 해부하는 것에 대한 거부감, 벌거벗겨진 영혼에 대한 수치심은 개인적인 개별 사례보다 한 인간의 전반적인 행복에 더 도움이 되는 바람직한 심리학적 관점의 특성이다.

327

당신이 믿는 것이 당신을 축복한다면 당신은 스스로에게 축복을 내리는 셈이다! 성서의 복음이 당신의 얼굴에 쓰여 있다면 당신은 성서의 권위에 대한 믿음을 고집스럽게 강요할 필요가 없을 것이다. 당신의 말과 행동은 성서를 불필요하게 만들고 새로운 성서가 당신에 의해 계속 생겨나야 할지도 모른다.

328

기독교가 다른 종교와 달리 가지고 있는 가장 섬세한 힘은 한 단어다. 바로 사랑이다. 사랑이라는 단어에는 기억과 희망을 이야기하는 모호하고 감동적인 무언가가 있어서 가장 낮은 지능과 차가운 마음조차도 이 단어가 지닌 무언가 어슴푸레한 빛을 느낀다. 그리고 부모, 자녀 또는 연인의 사랑을 그리워하는 수많은 사람, 특히 성숙한 성애를 지닌 사람들은 기독교에서 그 힘을 발견했다.

329

원수를 사랑한다는 믿음은 그것이 진정으로 믿어지는 한 반드시 우리를 행복하게 만든다.

330

지금까지 경건함보다 더 인간을 아름답게 만드는 강력한 수단은 없었을 것이다. 경건함을 통해 인간은 너끈히 선함, 표상, 다채로운 유희, 예술이 될 수 있으며 더 이상 자신을 바라보며 고통받지 않는다.

331

인간은 모든 명백한 믿음 속에 진리가 있다고 생각한다.

332

천국은 마음의 상태이다(자녀들에게는 "그들의 천국이 그들의 것이기 때문"이라고 말한다). 하나님의 나라는 연대기적으로나 역사적으로 즉 달력에 따라 어느 날에는 왔다가 그 전날에는 오지 않은 무엇이 아니라 '개개인에 달린 심경의 변화'이고 언제든 오거나 아직 오지 않은 그 무엇이다.

333

행복은 약속된 것이 아니라 이런저런 방식으로 살아가고 행위할 때 비로소 찾아오는 것이다.

334

동화와 놀이가 유년 시절에 속한다고 생각하는 우리는 근시안적인 사람들이다! 어떤 나이가 되면 우리가 마치 동화와 놀이 없이 살고 싶어 하는 것처럼 말이다! 물론 유년 때와 의미와 느낌은 다르다고 해도 말하자면 아이 역시 놀이를 일로, 동화를 진실로 느낀다. 삶의 덧없음이 우리의 옹졸

한 나이 구분으로부터 우리를 지켜줘야 한다.

335

가장 고차원적인 의식에서는 통일성이 회복되지만, 그보다 하위의 의식에서는 통일성이 무너진다.

336

인간의 성숙함이란 말하자면 어릴 적 놀이하며 지녔던 진지함을 되찾음을 뜻한다.

337

젊은이들은 진실이든 거짓이든 상관없이 흥미롭고 색다른 것을 좋아한다. 보다 성숙한 정신은 진리와 관련된 흥미롭고 색다른 것을 좋아한다. 마침내 원숙한 두뇌는 진리가 소박하고 단순해 보이고 평범한 사람들이 지루해할 때도 진리를 사랑한다. 원숙한 두뇌는 진리가 단순한 표현으로 가장 뛰어난 정신을 말한다는 것을 깨닫기 때문이다.

338

심오함은 젊음에, 명료함은 노년에 속한다.

339

사람은 영혼이 확장되지 않고 평화를 원치 않는 조건에서
만 젊음을 유지한다.

340

젊음이 늦게 찾아오면 젊음이 오래 유지된다. 젊은이들 사
이에서 젊음을 찾을 필요가 없다.

341

다시 어린아이가 되고 싶다면 청춘을 뛰어넘어야 한다.

342

'가장 단순한' 것들은 사실 무척 복잡하다. 사람들은 이에
대한 궁금점을 풀기 어려울 것이다!

343

무엇이 우리를 회복시킬 수 있을까? 완벽한 것을 봄으로써
이다.

344

지금까지 개념화되어 온 '현실 세계'는 언제나 가상 세계였다.

345

환상은 분명 대가를 치르는 즐거움이지만, 환상을 파괴하는 것은 더욱 값비싼 대가를 치른다.

346

우리는 환상을 파괴한다고 진실이 되는 것은 아니라는 걸 안다.

347

우리가 꿈속에서 경험하는 것은, 그것을 자주 경험한다고 했을 때 궁극적으로 '실제로' 경험하는 것과 마찬가지로 우리 영혼의 전반적인 균형으로 자리 잡는다.

348

사람들은 꿈을 전혀 꾸지 않거나 흥미롭게 꿈꾼다. 이와 마찬가지로 깨어 있는 법을 배워야 한다. 전혀 깨어 있지 않거나 흥미롭게 깨어 있는 법을.

349

끊임없이 그대 자신이 되어라, 그대 자신의 스승이자 창조자가 되어라!

350

인식하는 것은 자신을 위해 모든 것을 이해한다는 뜻이다.

351

아니다! 인생은 나를 실망시키지 않았다! 오히려 해가 갈수록 나는 인생이 더 풍요롭고 더 탐낼 만하며 더 신비롭다고 생각한다. 위대한 해방자가 나를 찾아온 그날부터, 즉 인생이란 의무도 숙명도 사기도 아닌 계속 깨닫기 위한 실험일지도 모른다는 생각이 나에게 찾아온 그날부터.

352

우리는 실험 중이며 앞으로도 계속 실험하고자 한다!

니체와 초인은 누구인가?

— 홍성광

1. 니체는 누구인가?

프리드리히 니체(Friedrich Nietzsche, 1844~1900)는 1844년 10월 15일 독일의 작센주의 뤼첸 근처 뢰켄에서 태어났다. 하이네의 운문 서사시 『독일. 어느 겨울동화』가 나온 해였고, 4년 뒤 마르크스와 엥겔스의 『공산당 선언』이 세상의 빛을 보았다. 1840년대는 독일에서 산업화가 막 시작되던 시대였다. 니체의 할아버지와 아버지, 외할아버지 모두 루터교 목사였다. 니체가 다섯 살 때 아버지가 뇌연화증으로 사망하자 니체는 할머니, 어머니, 미혼인 고모 두 명, 여동생 등 순전히 여자들 틈에서 자라났다. 어머니는 미망인 보조금을 받았고, 아버지가 몇 년 동안 선생으로 일한 궁정에서 약간의 연금이 나왔다. 이 여인들이 집안의 유일한 사내인 니체를 너무 애지중지하는 바람에 그는 여성적이고 섬세하며, 감수성이 예민한 아이로 자랐다. 전형적인 시골 성직자 풍의 아버지는 온화한 성품으로 음악을 좋아했고, 어머니는 신앙심이 깊은 여자였다.

기독교인의 미덕으로 충만했던 아버지는 이성적이면서도 감성적이었으며 조용하고 단순하지만 행복한 삶을 살았다. 그는 뢰켄 교구의 목사직을 맡기 전에 알렌부르크 궁정에서 몇 년간 프로이센의 공주 네 명을 가르쳤다. 그래서 아버지는 프로이센 왕 프리드리히 빌헬름 4세에게 매우 충성했으며, 왕은 그에게 목사직을 하사했다. 그러했기에 그는 1848년 독일에서 민주화 운동이 일어났을 때 그 운동에 부정적인 입장이었다. 니체는 프로이센 왕과 생일이 같다는 이유로 '프리드리히 빌헬름'이라는 이름을 얻었다. 그래서 니체의 생일은 나라의 축제일이기도 했다. 그러나 니체는 프로이센 특유의 권위주의 문화를 끔찍하게 여겼기에 프로이센 왕가에 대한 감정도 그다지 좋지 않았다. 한편 니체의 귀족적 성향, 도덕적 엄격성, 명예심, 질서를 존중하는 마음 등에 대한 의식은 부모의 집에 완전히 자리 잡고 있었다. 종

종 열정을 분출하기도 했지만 조용하고 과묵한 니체는 다른 아이들을 멀리했으며, 외부 세계와 단절되어 조용하고 단순하나 행복한 생활을 누렸다. 하지만 그의 실제 성격은 온화하고 유머를 좋아했으며 사교성이 없지 않았다고 한다. 그에게는 마을 주변이 자신의 세계였으며, 멀리 떨어진 곳은 어디든지 마법의 세계였다.

바그너와 같은 해에 태어난 아버지 카를 루트비히 니체가 세 자녀를 남겨두고 1849년 36세의 나이로 세상을 뜨자 어머니 프란치스카는 가족을 데리고 친정이 있는 나움부르크로 이주했다. 지적 열정이 왕성했던 니체는 그곳에서 신학과 고전 문헌학을 비롯하여 문학, 철학, 어학, 음악* 등 다방면으로 관심 영역을 넓혀갔다. 그는 앎에 대한 병적인 욕망을 지닌 아이였다. 이때 그는 셰익스피어, 횔덜린, 실러 등의 작품을 열심히 읽으며 글 읽기와 글쓰기에 관심을 가졌다. 이즈음부터 그는 평생토록 편두통과 눈의 통증에 시달렸다.

---

* 니체는 10세 때 모테트를 작곡하는 등 10대 시절부터 아마추어 작곡 활동을 했다. 성인이 되어서도 '음악이 없는 삶이란 잘못된 것이다'라고 얘기할 정도였다.

어린 시절 니체는 아주 얌전하고 예의 바르며 종교적 열성을 보이는 모범 소년으로, 그가 성경 구절을 인용하여 친구들에게 들려줄 때면 그들이 감동해 눈물을 흘릴 정도로 말을 잘했기 때문에 '꼬마 목사'라는 별명을 얻었다. 심지어 소나기가 쏟아지는데도 의젓하고 품위 있게 학교에서 집으로 돌아가는 그의 모습이 목격되기도 했다. 또 어려서부터 피아노를 배워 즉흥 연주를 했고, 8세 때부터 작곡 습작을 하는 등 음악에도 남다른 재주를 보였다. 사색에 잠긴 12세의 니체는 상급생에게 사원 속의 예수처럼 보였다고 한다. 13세에 그는 악의 문제에 골몰했고, 14세 때에 벌써 자서전 격인 '나의 생애'를 쓰기도 했다. 그는 이후 10년 동안 8편의 자서전을 쓴다. 그는 '가슴속에 반은 어린이를, 반은 신을' 품고 있던 어린 시절 장난스럽게 최초의 철학적 사유에 전념해 신을 악의 아버지로 여김으로써 그 문제를 나름대로 해결했다.

니체는 명문 기숙학교 슐포르타 김나지움에 다니면서 여러 해 동안 수석을 유지했다. 이때 인식과 보편적인 교양에 대한 엄청난 욕구가 일었다. 그는 장 파울을 읽었고, 당시 거의 잊히다시피 한 비운의 천재 횔덜린을 발견했다. 하지만 그는 경직된 학교 분위기와 낡은 도덕을 비웃으며 반항적 기질을 드러내기 시작했다. 한번은 학생들을 감독하고 보고서를 제출하는 일을 맡았는데, 그는 다소 장난기 섞인 익살스러운 내용으로 기록했다. 엄격한 교사들은 종교재판을 열어 벌칙으로 그에게 세 시간 감금과 몇 차례의 외출 금지를 선고했다. 그러자 학교생활에 염증을 느낀 니체는 음악에서 안식처를 찾아 슈베르트나 슈만의 영향이 두드러진 곡들을 작곡하기도 했다.

니체는 어머니의 희망대로 목사가 되기 위해 본 대학 신학과에 들어갔으나 점차 기독교에 회의를 느끼기 시작한다. 결국 그는 독일의 개신교 신학자이자 자유주의 신학의 거두인 리츨F. W. Ritschl 교수의 권유도 있고 해서 신학을 버리고 고전 문헌학으로 전공을 바꾼다. 이듬해 1865년 스승 리츨이 동료 오토 얀 교수와의 불화로 라이프치히 대학으로 자리를 옮기자 니체는 몇 명의 학생과 함께 그를 따라 라이프치히 대학으로 옮겨 갔다. 그는 그곳에서 본 대학에서의 실패를 만회하려는 자세로 문헌학 연구에 열성을 쏟았다.

1865년 2월, 21세의 니체는 쾰른으로 여행을 떠난다. 니체는 성당과 유명 관광지를 둘러보려고 관광 가이드 한 명을 고용해서 안내해달라고 부탁했는데, 그는 니체가 쑥스러워서 말을 못 꺼낸다고 짐작하고 니체를 유곽으로 데려간다. 하늘하늘한 반짝이 옷을 입은 여자들을 보고 너무 놀란 그는 피아노 앞으로 다가가 코드를 한두 개 친 뒤 바깥으로 나온다. 그 일로 니체는 트라우마라고 부를 수 있는 일종의 정신적 충격을 받는다. 그런데 1년 후 그는 안내인 없이 혼자 다시 그곳을 찾아갔다. 아마 이때 니체가 몹쓸 병에 걸리지 않았나 추정된다. 그리고 24년이 지난 후 니체는 아버지와 마찬가지로 뇌연화증으로 쓰러져 11년간 어둠의 세계에서 살게 된다.

라이프치히에서 니체의 생애에 결정적인 영향을 끼친 사건이 일어났다. 1865년 10월 헌책방에서 쇼펜하우어의 대표작 『의지와 표상으로서의 세계』를 우연히 집어 든 것이다. 그는 무언가에 홀린 듯 그 책을 사서는 매일 새벽 6시부터 다음 날 밤 2시까지 꼬박 2주에 걸쳐 그 철학 서적을 탐독했다. 모든 생명은 고통받는 상태라는 명제는 만성 질병에 시달리며 잦은 통증을 견뎌야 하는 그의 상태와 잘 들어맞았다. 그래서 니체는 쇼펜하우어가 마치 자신을 위해서 그 책을 써놓은 것 같다고 말했다. 그는 남을 의식해서 사는 삶을 떠나 '진정한 자신'이 되기를 원했다. 이 독서는 니체가 철학과 관계를 맺는 결정적인 계기가 되었다. 이후부터 그는 쇼펜하우어 철학에 심취해 친구들이나 여동생에게까지 쇼펜하우어를 공부하도록 설득했다. 그 후 니체는 1868년 초까지 쇼펜하우어 철학에 몰두하면서 무미건조한 고전 문헌학에 회의를 느끼게 된다. 이제 쇼펜하우어 철학은 니체의 사고에 기본 틀을 형성하게 된다. 그래서인지 니체는 자신의 책상에 아버지의 초상화와 함께 쇼펜하우어의 초상화를 올려두기도 했다.

1867년, 23세가 된 니체는 군대에 징집되어 1년 동안 포병대에서 근무했다. 그러던 중 말에서 떨어져 가슴에 타박상을 입고 제대했는데, 이 사건은 그를 일평생 괴롭히는 원인이 된다. 니체가 쇼펜하우어의 책을 만난 지 3년 후인 1868년 11월, 24세의 니체는 바그너와 당시 그의 정부 코지마를 처음으로 알게 된다. 코지마의 남편은 지휘자 폰 뷜로였다. 뷜로는 테세우스인 셈이었고, 아름다운 아리아드네, 즉 코지마를 차지한 바그너는 디오니소스였다. 나중에 니체는 바그너를 밀어내고 자신이 디오니소스의 자리를 이어받으려고 한다. 바그너와 코지마는 1870년 8월 말 정식으로 결혼한다. 니체와 마찬가지로 『의지와 표상으로서의 세계』에 흠뻑 빠진 바그너는 자신과 코지마를 장난스럽게 '의지'와 '표상'으로 불렀다. 그는 니체보다 31세 연상이었다. 감격스러운 첫 만남을 가진 이래 두 사람은 10여 년간 이른바 '별의 우정'을 맺게 된다. 바그너에게는 니체가 신이 보낸 성물로 보였다. 다음 해 2월 니체는 라이프치히 대학의 스승인 리츨 교수의 추천으로 스위스 바젤 대학 고전 문헌학 객원교수로 초빙된다. 바젤 대학 문서에 따르면, 리츨 교수의 추천과 니체의 문헌학에 대한 특출난 재능 때문에 이러한 이례적인 결단이 내려졌다고 한다. 리츨 교수는 니체를 가리켜 "내가 39년이란 세월 동안 강단에서 학생들을 가르쳐본 이래 니체처럼 이렇게 젊은 나이에, 그리고 이렇게 빨리 성숙한 청년을 일찍이 본 일이 없다…… 니체는 천재다. 그는 하고자 하는 일을 무엇이나 이룰 수 있을 것이다."라고 탄복하며 니체를 전폭적으로 지원했다.

니체는 바젤에서 대학이라는 울타리에 구애받지 않고 자유분방하게 강의 활동을 전개했다. 편두통, 심장병, 류머티즘, 눈의 통증 같은 각종 질병으로 시달리던 니체는 독불전쟁이 발발하자 위생병으로 지원하여 종군한다. 그러나 얼마 후 디프테리아와 이질에 걸리는 바람에 한 달도 안 되어 제대해야 했다. 게다가 약을 잘못 쓴 탓에 이때부터 극심한 신경쇠약과 위장병을 얻어 평생 병마와 싸우면서 소화제와 수면제를 달고 사는 신세가 되었다.

1869년 니체는 루체른 근교 트립셴에 있는 바그너 집을 방문해 그의 가장 열렬한 이해자이자 귀의자가 된다. 바그너는 일찌감치 니체의 재능을 알아보고 자기 목적에 도움이 될 니체의 장점을 간파했다. 바그너의 영향으로 1872년 『비극의 탄생』이 나오게 된다. 그 책에는 이미 디오니소스적 긍정과 운명애amor fati의 싹이 엿보인다. 바그너 부부는 『비극의 탄생』에 갈채를 보냈지만, 은사인 리츨 교수는 바그너에게 흠뻑 빠진 애제자를 냉랭하게 대한다. 그러나 바그너와 니체의 우정은 오래가지 못한다. 이후 여러 가지 이유로 니체는 바그너의 예술에 점차 회의감을 품게 된다. 그는 바그너 작품들이 지닌 내재적인 모순에 대해 회의하며 혐오하게 된 것으로 보인다. 1876년 바그너의 바이로이트 극장 낙성을 기념하는 축제극에 참석해 〈니벨룽의 반지〉 초연을 관람한 니체는 거기서 대중적 성공에 취한 그의 오만함과 속물근성, 배우와 같은 거장의 몸짓만 보았을 뿐이다.

니체는 사실상 이때부터 바그너와 정신적으로 결별한 것으로 보인다. 그러나 바그너 부부에게 부모와도 같은 정을 느꼈던 니체는 결별 선언을 미룬다. 결국 1882년 바그너 최후의 작품인 「파르지팔」을 보고 니체는 바그너가 기독교에 굴복 내지는 귀의했다고 비판하며 그를 데카당이라 규정한 뒤, 죽음이 얼마 남지 않은 바그너가 요양하던 베네치아로 찾아가 마지막 인사를 하며 결별 선언을 한다. 그다음 해에 바그너는 사망한다. 이미 그전부터 니체가 심심찮게 바그너를 비판하는 글을 써왔기 때문에 바그너도 니체와의 결별을 예상하긴 했으나, 그의 입으로 직접 듣자 안타까워했다고 한다. 언론을 통해 가차 없는 독설로 자신의 적을 비판해왔던 바그너였지만 니체에 대해서는 매독으로 정신적으로 좀 이상해진 것 같다고 언급한 것 이외에는 그의 공개적인 비판에 대해 따로 대응하지는 않았다.

니체는 1879년 10여 년 동안의 교수 생활을 접고 강연도 중단한 채 이후 저술 활동에만 매진하게 된다. 35세의 나이로 교수직을 사임한 이유로는 먼저 견디기 힘든 두통과 눈의 통증, 우울 증세를 들 수 있다. 또한 다른 사람들과 교제하는 데 따르는 스트레스, 대학교수의 의미에 대한 회의, 그리고 무엇보다도 '바보 같은 학생들을 상대하고 있다가는 자신까지 바보가 되고, 재능 없는 다른 교수를 상대하고 있다가는 자신의 재능까지 더럽혀진다'는 것이 그 이유였다. 그 후 니체는 우연히 네덜란드 여성 음악가를 알게 되지만, 너무 성급하게 다짜고짜 그녀에게 구혼했다가 거절당한다. 그 일로 마음의 상처를 받은 니체는 알프스 산중으로, 지중해 연안으로 떠돌아다닌다. 1882년 집필한 『즐거운 지식』에서 니체는 처음으로 기독교적 신의 권위를 부정하고 '신의 죽음'이라는 말을 쓴다. 이즈음 37세의 니체는 21세의 지적이고 매력적인 러시아 여성 루 살로메를 만나 운명적인 사랑에 빠진다. 니체가 파울 레 박사*를 통해 그녀에게 청혼하자 분방한 생활을 즐기는 정신의 소유자인 루 살로메는 니체의 청을 매몰차게 거절해버린다. 그러자 니체는 우울증 증세를 겪기도 한다.

---

* 파울 레(Paul Ludwig Carl Heinrich Rée, 1849~1901): 독일의 작가·의사·철학자. 니체는 파울 레를 1873년에 처음 알게 되었다. 1877년에 『도덕 감정의 기원』을 출간해서 니체에게 영향을 끼쳤다. 폼머른 지방의 부유한 유대인 지주 가문의 아들인 파울 레는 법학을 공부하다가 철학으로 전공을 바꾸었다. 그는 바젤로 와서 니체의 강의를 들었다. 두 사람의 우정은 1876년에서 1877년 사이의 겨울에 소렌토의 남작부인 마이젠부크의 집에 함께 머물 때 최고조에 달했다. 두 사람은 각자 자신이 쓴 원고를 낭독하고 서로 조언과 비판을 주고받았으며 원고를 수정해주기도 했다. 이러한 우정은 5년 후인 1882년 늦은 가을에 루 살로메를 둘러싼 사랑에 얽히면서 깨진다.
  파울 레는 니체와 결별한 후 의학을 공부해 아버지가 사는 곳으로 가서 개업의가 되었다. 톨스토이의 추종자로서 농부들을 도운 그는 그들 사이에서 거의 성인으로 통했다. 니체가 사망하자 실스 마리아 근처로 이사해 그곳에서 산골 사람들을 위한 의사로 활동했다. 니체가 죽은 지 1년 후 알프스를 오르다가 절벽 아래로 떨어져 죽었다. 사고사였는지 자살이었는지는 확실하지 않다. 파울 레는 죽기 직전 "나는 철학을 해야 한다. 만일 철학할 소재가 더 이상 없다면 차라리 죽는 것이 가장 좋을 것이다."라고 말했다.

니체는 자신의 가장 중요한 작품 『차라투스트라는 이렇게 말했다』를 썼으나 아무도 그 책을 거들떠보지 않았다. 니체는 사람들에게 자신의 천재성을 인정받지 못하고 있다는 생각 때문에 힘들어했다. 그리하여 어떤 때는 자기 책을 들여다보며 몇 시간이나 눈물을 흘리기도 했다. '영혼의 가장 깊은 내면에서 우러나오는 외침'에 대해 한마디의 대답도 듣지 못하는 것, 그것은 그에게 너무나 끔찍한 체험이었다. 그 후 이를 만회하려고 『선악의 저편』을 썼으나 그 책역시 혹평을 받았다. 그것의 속편으로 쓴 『도덕의 계보학』에서 니체는 기독교의 도덕을 노예 도덕, 약자의 도덕이라고 비난한다. 『우상의 황혼』에서 소크라테스는 퇴폐의 전형으로서 부정되고, 이성과 도덕도 뒤집힌다. 기독교는 약자의 도덕, 천민의 도덕이라고 낙인찍힌다. 니체는 도덕적 현상이란 존재하지 않고, 단지 현상의 도덕적 해석만 존재할 뿐이라고 말한다. 즉 도덕은 그 자체로 가치를 가지는 게 아니라, 사람이 한때 그것에 가치를 부여한 것에 불과하다는 것이다. 그런데 『반그리스도』에서는 역사적인 기독교를 격렬히 비판하면서도 예수라는 인간 자체는 부정하지 않는다. 니체는 근본적으로는 단 한 사람의 기독교인이 있었을 뿐이며, 그 사람은 십자가에 못 박혀 죽었다고 말한다. '복음'은 십자가에서 죽었다는 것이다. 니체가 볼 때 예수가 십자가에 못 박혀 죽음과 동시에 하나의 불교적인 평화 운동, 약속만이 아닌 실천, 지상의 행복 등에 관한 하나의 새롭고도 철저한 근원적인 바탕이 끝나버렸다. 이처럼 모든 가치의 전도를 위해 여러 해 동안 벌여온 니체의 영웅적인 투쟁은 그의 체력뿐만 아니라 정신력까지 고갈시켰다. 급기야는 신체적 조건을 이겨내는 처절한 몸부림 속에서 시력마저도 거의 잃고 말았다.

1888년 말부터 니체에게 정신착란의 징후가 나타나기 시작한다. 사람들은 그의 정신착란 증세를 두고 매독이 원인이라고 주장해왔다. 그러나 최근 의학적 고찰을 통해 나온 많은 논문에서 뇌종양을 그 원인으로 보고 있다. 1889년 1월 3일 그는 이탈리아 토리노의 광장에서 마부에게 채찍질 당하는 말을 보고 동정심에 눈물을 흘리면서 그 말을 감싸안다가 쓰러졌다. 이틀 밤낮을 혼수상태로 있다가 눈을 떴을 때, 그는 이미 예전의 영민한 니체가 아니었다. 니체의 이상한 편지를 받고 달려온 친구 오버베크가 그를 바젤의 정신병원에 입원시킨다. 예나 대학병원으로 옮겨진 그는 진행성 마비증이라는 진단을 받는다. 이를 두고 기독교인들은 그가 날벼락을 맞은 것이라고 조롱했다. 그런데 아이로니컬하게도 니체가 쓰러진 후부터 차츰 그의 이름이 세상에 알려지기 시작했다. 그 후 그는 악기를 연주하고 노래를 부르면서 가끔 "나는 신이다. 다만 변장하고 있을 뿐이다."라고 외치기도 했다. 말년엔 정신 발작으로 정신적 능력이 떨어지고 몸과 마음이 더 쇠약해져 어머니와 여동생의 보살핌 없이는 온전히 살아갈 수 없었다. 쓰러진 후 니체는 어머니가 살았던 나움부르크에서 8년, 어머니의 사후에는 바이마르에 살던 여동생 엘리자베트 곁에서 2년을 지내다가 마침내 56세의 나이로 1900년 8월 25일 영면에 든다.

니체가 세상을 떠난 뒤 방대한 양의 유고와 편지는 여동생 엘리자베트의 손에 넘어갔다. 지독한 인종주의자이자 반유대주의자인 푀르스터와 결혼한 여동생은 오빠의 유고를 제멋대로 왜곡해서 출판했고, 이로 인해 니체의 저작은 오랫동안 반유대주의자들과 파시스트들에 의해 왜곡 악용되었다. 독일의 군국주의, 국수주의를 비판하고 자유정신을 옹호한 니체는 히틀러를 추종하기는커녕 증오했을 것이 틀림없다. 질 들뢰즈*는 『니체와 철학』에서 니체에 대해 이렇게 말하고 있다. "니체의 가장 일반적인 기획은 철학에 의미와 가치의 개념을 도입하는 데 있다. 분명코 현대 철학은 대부분 니체의 덕으로 살아왔고, 여전히 니체의 덕으로 살아가고 있다. 그러나 그것이 정작 니체가 원했던 모습은 아니었을 것이다."

2. 대중의 사랑을 받는 철학자 니체

니체는 현대 철학자 중에 누구보다도 대중의 사랑을 많이 받는 철학가이다. 철학사의 지평에서 본다면 그는 쇼펜하우어와 딜타이와의 관계에서 다루어져왔다. 니체는 쇼펜하우어의 의지 철학으로 정신적 성장에 큰 자양분을 얻었고, 딜타이는 '삶의 철학'이라는 관점에서 니체와 더불어 문제시되었다. 쇼펜하우어는 만년에 세계적인 명성을 얻은 철학자가 되었지만, 니체는 정신 이상이 된 이후에야 서서히 알려지기 시작했기 때문에 그는 자신이 유명해진 것을 알아차리지 못하고 세상을 떴다. 많은 사람이 니체의 글을 읽고 경탄하지만 정작 그의 글을 제대로 이해하는 사람은 보기 드물다. 『차라투스트라는 이렇게 말했다』가 누구의 작품인지 모르는 사람은 거의 없겠지만, 비유적이고 상징

---

* 질 들뢰즈(Gilles Deleuze, 1925~1995): 20세기 후반 프랑스의 철학자, 사회학자, 작가. 저서로 『니체와 철학』 『들뢰즈의 니체』 『차이와 반복』 『천 개의 고원』 등이 있다.

적인 표현으로 인해 그 작품을 제대로 이해하는 사람은 드물 것이다. 니체 자신도 서문에 '모든 사람을 위한, 그러나 그 누구를 위한 것도 아닌 책'이라는 부제를 달아놓았으니, 그 책이 읽히고 이해되기를 기대하지도 바라지도 않았다고 볼 수 있다. 심지어 그는 『이 사람을 보라』에서 "나는 읽히지 않는다. 나는 읽히지 않을 것이다."라고 말하기까지 한다.

그러는 바람에 니체 독서는 오독의 역사라고 할 수 있다. 니체는 파시즘의 철학적 지주로서 예찬받기도 했고 그러기에 비난도 받았다. 파시즘의 흥망성쇠에 따라 그에 대한 해석도 부침을 겪었다. 그러다가 1960년대부터 이탈리아와 프랑스로부터 새로운 니체 물결이 일면서 니체 열기가 독일로 역수입되어, 1980년대에는 독일과 이탈리아에서는 니체에 대한 향수와 열광의 물결이 서서히 고개를 들기 시작했다. 특히 경제적 침체, 실업 증가 등으로 인한 사회적 불안이 맞물리면서 파시즘에 대한 향수가 일어날 때 니체에 대한 열기도 고조되었다. 그러나 니체는 파시즘, 반유대주의, 인종차별, 현실적-정치적 영웅주의, 독일 국수주의 등과 같은 극우주의와는 무관하고, 오히려 그런 것에 반대하는 입장이라고 볼 수 있다. 니체의 엘리트주의는 신분적 귀족주의가 아니라 관계의 긴장을 고조시키는 정신적 귀족주의이다. 니체의 주인 도덕은 천박한 시대의 조류에 따르는 것을 단호히 배격하고, 그런 조류를 따르는 자들을 노예 도덕의 소유자라고 보았다.

니체 연구자들은 그의 철학의 발전 과정을 흔히 세 단계로 나누고 있다. 1876년 여름까지의 낭만적 시기, 1882년 여름까지의 실증주의적 시기, 1889년 초까지의 창조적 시기가 그것이다. 첫 번째 단계는 『비극의 탄생』『반시대적 고찰』(1873~1876)을 쓰던 시기이다. 니체는 이 저작에서 이성의 과도한 지배로 서양 정신이 퇴락했다고 보고 바그너의 음악 정신에서 그 대안을 찾는다. 바그너 음악과 쇼펜하우어의 의지 철학의 영향을 받은 낭만적 시기는 1876년 여름 바이로이트에서 바그너 축제극을 본 후 그와 결별하면서 끝이 나고 실증주의적 시기로 접어든다. 이 두 번째 단계에 니체는 자유정신의 소유자로서 기존의 것을 파괴하고 비판적이고 실증주의적인 경향을 띤다. 그 후 루 살로메와 만나 청혼하고 거절당하는 해인 1882년 여름부터 정신 이상으로 쓰러지긴 전인 1889년 초까지가 니체 철학이 완성되는 세 번째 단계이다.

니체의 말은 과격하다. 희석해서 들어야 할 정도로 매우 신랄하다. 독화살의 예봉을 피할 수 있는 사람은 완성된 단계에 이른 차라투스트라 외에는 별로 없다. 그래도 니체는 헤라클레이토스, 스피노자에게서 친구를 발견한다. 기독교, 불교도 염세주의라는 낙인에서 벗어나지 못하지만, 그래도 불교를 다소 긍정적으로 본다. 신의 죽음에 대한 니체의 선언은 중세적인 진선미의 조화가 깨졌다는 의미이다. 성을 불문하고 인류라는 종種 전체가 그의 비판 대상이 된다. 차라투스트라는 인간을 대지에 난 질병이라고 말한다. 그러니까 유대인도 독일인도 그의 비판의 예봉을 비켜나지 못한다. 니체는 모든 개인이 주인 되는 존재가 되려고 노력하는 사회가 이상적인 상태이며, 그것이 구현되는 사회에서 비로소 위대한 정치가 가능하다고 본다. 니체는 민족주의를 왜소한 정치라 불렀고, 유럽을 하나로 엮는 것을 위대한 정치라 말했다. 그런 점에서 그에게는 비스마르크*가 강력하지만 위대하지는 않다고 볼 수 있다. 니체의 독설은 신과 인간, 학문의 영역을 넘어 인간의 평범화와 평준화, 기계화와 비인간화, 상업문화의 대두, 천민자본주의, 소비 욕구의 조작에 대한 비판에까지 이른다.

---

* 오토 폰 비스마르크(Otto Von Bismarck, 1815~1898): 독일을 통일하여 독일 제국을 건설한 프로이센의 외교관이자 정치인.

3. 스트레스를 이기는 니체의 모토 – 웃고 노래하며 춤춰라

이 책의 편저자 우르줄라 미헬스 벤츠는 니체의 전체 사상을 간추려서 8개의 장으로 묶었다. 그것은 대체로 삶과 삶의 지혜, 선과 악, 사유와 인식, 힘과 힘에의 의지, 사랑, 건강, 행복 등을 다루고 있다. 니체는 칸트, 쇼펜하우어의 뒤를 이어 '스스로 생각하기'를 주창한다. 학창 시절 그는 핀다로스의 조언 "너 자신이 되어라!"를 가슴에 새긴다. 아무도 자신을 대신해서 인생의 강을 건너게 해줄 다리를 만들어주지 않는다. 자신의 스승이자 형성자가 되라는 이 말은 '자신의 길을 가라'는 칸트와 쇼펜하우어의 조언, 그리고 '온전히 자신의 모습으로 당당하게 살아가라'는 괴테의 말, '스스로 돌고 도는 팽이'가 되라는 김수영 시인의 말과도 통한다.

그래서 니체는 「교육자로서의 쇼펜하우어」에서 이렇게 말한다. "너의 삶만을 읽고 그것으로부터 보편적인 삶의 난해한 상형문자를 이해하도록 하라." 당시 쇼펜하우어를 가장 진실한 인간형이자 위대한 문장가라고 평한 니체는 진리를 우아하게 전달하는 능력 면에서 그를 능가하는 사람은 몽테뉴밖에 없다고 보았다. 한 철학자를 읽어내는 것은 그의 삶을 읽어내는 것이다. 의욕을 가진 불온한 철학자는 엄청난 긴장과 폭발력을 품고 있는 정신의 다이너마이트이다. 그러나 '자신의 길'을 간다는 것은 너무 험난하고 까다로운 일이며, 다른 사람들의 사랑과 감사를 받기 너무 어려운 일이다. 그러기에 그런 사람은 제대로 이해받지 못하고 오해와 비난을 받기 쉽다. 그런데 타인의 사랑과 감사를 받으려면 자기 자신을 사랑하고 존중하는 것이 필요하다. 다른 모든 것은 거기에서 따라오기 때문이다.

사랑이란 자신과 다른 방식으로 느끼며 다르게 살아가는 사람을 이해하고 기뻐하는 것이다. 진정한 사랑은 서로의 차이를 부정하는 것이 아니라 그 차이를 허용하고 사랑하는 것이다. 니체는 자신을 미워하는 자를 두려워해야 한다고 말한다. 그런 자는 앙심을 품고 우리에게 복수할지도 모르기 때문이다. 그러한 자를 유혹하여 자기 자신을 사랑할 수 있도록 이끄는 것이 필요하다. 또한 자기 경멸이라는 질병에 맞서는 가장 확실한 도움은 현명한 자의 사랑을 받는 것이다. 자신을 싫어하는 사람은 아무리 정중하게 대해도 생각이 바뀌지 않는 법이니 모든 이로부터 사랑받아야 한다고 생각할 필요가 없다. 이때는 무리하게 애쓸 것 없이 평소대로 담담한 태도를 지니는 것이 최선이다.

기독교가 다른 종교에 비해 우월한 가장 세련된 비결은

바로 사랑, 그것도 원수에 대한 사랑을 말한다는 점이다. 사랑은 자극을 주고, 추억과 희망을 말하는 무척 다의적인 단어다. 그래서 가장 낮은 지능과 가장 차가운 마음의 소유자조차도 이 단어가 지닌 무언가 어슴푸레한 빛을 느낀다. 그리고 부모, 자녀 또는 연인의 사랑을 그리워하는 수많은 사람은 기독교에서 그러한 점을 발견한다. 니체는 '지상 너머'에는 아무것도 없다고 단언한다. 그래서 『힘에의 의지』에 이런 표현이 나온다. "하나님의 나라는 연대기적-역사적으로 오는, 어느 날에는 왔다가 그 전날에는 오지 않은 어떤 것이 아니라 '개개인의 심경의 변화'이고, 언제든지 오고 언제든지 아직 오지 않은 어떤 것이다."

소크라테스가 "너 자신을 알라!"라고 말했지만 우리는 우리 자신을 잘 알지 못한다. 인식하는 자들조차 우리 자신을 잘 알지 못한다. 여기서 인식한다는 말은 모든 사물을 우리에게 최고 좋게 되도록 이해하는 것을 뜻한다. 니체는 『도덕의 계보학』에서 '우리 자신을 탐구해보지 않은 자가 어떻게 우리 자신을 발견할 수 있느냐'라고 반문한다. 그러한 점에서 그는 "너희의 보물이 있는 곳에 너희의 마음도 있다"(마태복음 6:21)라는 성서의 말을 상기시킨다. 『차라투스트라는 이렇게 말했다』에서 "그대가 마주칠 수 있는 가장 고약한 적은 언제나 그대 자신일 것이다. 그대 자신은 동굴과 숲속에서 그대를 기다리며 숨어 있다."라고 말하는 것도 그러한 의미에서다.

니체는 『우상의 황혼』에서 "나를 죽이지 못하는 것은 나를 더 강하게 만든다."라고 말한다. 악도 이와 마찬가지다. 악도 완전히 제거하지 못하면 더욱 강성하게 살아나는 법이다. 우리가 선한 상태에 있으려면 망각이 필요하다. 망각으로 이끄는 것은 시간이다. 시간이라는 치유제를 도외시하고 자신의 경쟁자를 죽여버리려는 사람은 그럼으로써 그의 존재를 영원하게 하지 않는지 생각해봐야 한다. 원수를 사랑하라는 기독교의 믿음은 그것이 진정으로 믿어지는 한 반드시 행복하게 만든다. 천국은 바로 마음의 상태이기 때문이다. 원수를 사랑하는 가장 좋은 방법은 그를 사랑하는 것이다. 그것은 원수에게 감사하는 마음을 갖게 하기 때문이다. 또한 자신을 새롭게 다잡으려면 선하고 힘찬 사람과 교제하는 것이 필요하다. 항상 옛날 그대로의 상태로 있는 사람은 정신이기를 포기한 셈이다. 허물을 벗지 못하는 뱀이 파멸하듯이, 자신의 의견을 바꾸지 못하는 정신도 이와 마찬가지다. 그런데 무작정 앞으로 나아갈 것이 아니라 자신을 위해 나아가는 것, 변화하고 달라질 수 있는 것이 중요하다. 세상은 어차피 고해다. 우리는 힘들 때 자살을 생각하기도 한다. 그런데 역설적으로 자살을 행하는 대신 자살에 대한 생각은 강력한 위로제가 되기도 한다. 그것으로 사람들은 많은 위험한 불면의 밤을 무사히 넘기게 된다.

니체는 가끔은 완전한 건강보다 약간의 건강이 오히려 병자에 대한 최상의 치료법이 되기도 한다고 본다. 질병 자체가 삶의 자극제가 될 수 있어서다. 물론 이때 이 자극제를 감당할 만큼 충분히 건강해야 한다. 또한 그는 새로운 건강, 지금까지의 어떤 건강보다도 더 강하고 더 빈틈없으며, 더 강인하고 더 대담하며, 더 명랑한 건강이 필요하다고 말한다. 그는 그러한 점에서 건강한 농부를 최고이자 가장 사랑스럽다고 본다. 거칠고 교활하며, 완강하고 끈질긴 농부야말로 가장 고상한 족속이라는 것이다.

또한 니체는 행복해지려면 얼마 안 되는 것, 사소한 것, 하찮은 것으로도 충분하다고 말한다.『차라투스트라는 이렇게 말했다』에 그런 견해가 들어 있다. "바로 가장 적은 것, 가장 나지막한 것, 가장 가벼운 것, 도마뱀이 바스락거리는 소리, 한 번의 숨결, 순간의 눈길, 이처럼 적은 것이 최고 행복하게 해준다." 또한 니체는 "인류의 역사 전체를 자신의 역사로 느끼는 것―모든 것을 마침내 하나의 영혼 안에 가지고 하나의 감정으로 통합하는 것, 이것은 지금까지 인간이 아직 알지 못하는 행복을 가져다줄지도 모른다."라고 말한다.

니체는 종래의 견해와는 달리 국가의 틀을 벗어나 활동하는 유목민적 종류의 인간 유형을 높이 평가한다. 그들은 최대치의 적응 능력과 적응 기술을 갖고 있기 때문이다. 니체가 말하는 고귀한 부류의 인간은 신분이 높거나 재산이 많은 자가 아니라 스스로 가치를 결정하는 자로, 그에게는 남에게 인정받는 게 필요하지 않다. 자신에게 해로운 것은 그 자체로 해롭다고 판단하기 때문이다. 그는 자신을 사물에 최초로 영예를 부여하는 자로 알고 있다.

니체는 창조와 독창성을 높이 평가한다. 창조는 고통으로부터의 구원이고 삶을 편하게 해준다. 모든 이의 눈앞에 있는데도 아직 이름이 없어 부를 수 없는 어떤 것을 보는 것이 독창성이다. 사람들에게 흔히 일어나는 일이듯이 이름이 붙여져야 비로소 어떤 사물이 눈에 보이게 된다. 독창적인 사람들은 대개 이름을 붙이는 자이기도 하다. 그렇게 새로운 세계의 일부가 탄생한다. 진정으로 독창적인 두뇌를 특징 짓는 것은 무엇일까? 이는 뭔가 새로운 것을 먼저 보는 것이 아니라 낡은 것, 익히 알려진 것, 누구나 보았지만 간과해온 것을 새로운 것인 양 보는 것을 말한다. 그것을 최초로 발견한 자는 일반적으로 극히 평범하고 재기 없는 공상가이다. 즉 우연에 의해 그러한 일이 일어난다. "길을 가다가 숲에서 길을 잃었지만, 어떤 방향을 향해 엄청난 에너지를 가지고 열린 곳으로 나아가려고 노력하는 사람은 때때로 아무도 모르는 새로운 길을 발견하기도 한다. 이것이 독창성으로 칭찬받는 천재들이 탄생하는 방식이다."

견해의 다름, 모순을 용인할 수 없는 사회는 저급한 문화를 가진 사회다. 올바른 통치자라면 정당한 비판과 조롱을 견딜 수 있어야 한다. 권력을 잡으면 그에 대해 비싼 대가를 치러야 한다. 그런데 권력은 사람을 멍청하게 만들어 재산을 욕심내게 한다. 재산은 필요한 것이지만 일정 정도까지만 인간을 독립적이고 좀 더 자유롭게 만들 뿐이다. 일정 정도의 재산을 초과하면 더 이상 행복이 커지지 않는다. 한 단계 더 나아가면, 재산이 주인이 되고, 재산의 소유자는 노예가 된다. 쇼펜하우어의 말대로 부는 바닷물과 같아서 마실수록 갈증이 더 나기 때문이다. 우리는 자신의 부를 자랑하는 사람이 아니라 부끄러워하는 사람만 용납할 수 있다.

우리가 높이 올라갈수록 날 수 없는 사람들에게 우리는

작게 보인다. 가장 위대한 사유는 동시대인의 이해를 받지 못하기 마련이다. 그것은 가장 뒤늦게 이해될 뿐이다. 동시대 사람은 그러한 위대한 사유를 체험하지 못하고 그것을 지나쳐서 살아간다. 별들의 영역에서도 그와 같은 일이 일어난다. 가장 멀리 있는 별빛은 가장 늦게 지구에 도착한다. 그리고 별빛이 도착할 때까지 인간은 거기에 별이 있다는 것을 부인한다. 어떤 사건이 위대해지려면 그것을 성취하는 사람들의 감각과 그것을 경험하는 사람들의 감각이 함께 만나야 한다.

기본적으로 책만 '뒤적이는' 학자는 결국 자기 스스로 사고하는 능력을 점차 잃게 된다. 그는 책을 뒤적이지 않을 때는 생각하지 않는다. 얼치기 지식은 온전한 지식보다 더 승리를 거둔다. 얼치기 지식은 사물을 실제보다 더 간단하게 알고 있으므로, 의견을 더 평이하고 설득력 있게 만든다. 니체는 제대로 사고하는 사람이 되려면 사람과 교제하고 책을 읽고, 열정을 가져야 한다고 주문한다. 그중 하나라도 부족하면 제대로 된 사고를 할 수 없다는 것이다. 우리에 대해 하는 말을 매일 듣거나, 우리에 대해 어떻게 생각하는지 자꾸만 생각하는 것은 가장 강한 사람마저 파괴해버린다. 우리가 자유로운 자연에 있기를 좋아하는 것은 자연이 우리 자신에 대한 아무런 견해가 없기 때문이다. 열정적인 사람은 다른 사람이 무슨 생각을 하는지 거의 생각하지 않는다. 그들은 허영심과 무관한 상태에 있다. 우리를 높여주는 사람들은 누구인가? 이들은 참된 사람, 더 이상 짐승이 아닌 사람, 철학자, 예술가, 성인들이다. 이들이 출현할 때 자연이 도약한다. 그것도 기쁨의 도약을.

모든 윤리는 우리가 각 개인을 무한히 중요하게 여기는 데서 시작된다. 그것이 잔인한 자연과 다른 점이다. 우리는 인간의 미덕을 선하다고 말한다. 이는 그 미덕이 그 자신에게 미치는 영향을 고려해서가 아니라, 그 미덕이 우리와 사회에 미칠 것으로 전제하는 영향을 고려해서 그렇게 말하는 것이다. 상황이 나아지려면 우리는 때로 사악해질 필요가 있다. 현실에서 논리에 엄밀하게 상응하는 일은 좀체 일어나지 않는다.

또한 고독은 우리에게 도움을 주기도 한다. 고독은 우리 자신에 대해 우리를 더 엄하게 만들고, 인간에 대해 더 갈망하게 만든다. 두 가지 모두의 경우에서 고독은 인격을 향상시킨다. 주인인 명령권자에게 종속된 사람은 군주를 견제할 수 있는 무언가를 가져야 한다. 이를테면 의로움이나 정직함 또는 사악한 혀를 가져야 한다. 사람들은 사악한 생각으로 더 많은 즐거움을 누리고, 슬픔과 괴로움을 면하기도 한다. 우리는 다른 사람들이 우리를 있는 그대로 알기를 바라는 대신, 그들이 가능한 한 우리에 관해 좋게 생각하기를 바란다. 따라서 우리는 다른 사람들이 우리에 대해 속아 넘어가기를 간절히 원한다.

니체는 서양철학에서 가장 혁명적이고 파괴적인 사상가 중 한 명이다. 그는 근대문명과 근대 철학을 비판하고 이를 전혀 다른 각도에서 극복하려는 사상의 혁명가이자, 종래의 노예 도덕을 주인 도덕으로 대체시키려는 도덕 혁명가였다. 니체가 말하는 주인과 노예라는 단어는 외적인 차원이 아닌 심리적인 차원에서의 노예와 주인을 말하는 것이다. 그는 하루의 2/3를 자신을 위해 쓰지 않는 사람은, 정치가든 사업가든 관리이든 학자든 상관없이 누구든 노예라고 본다. 그는 '진리가 무엇'인가를 고민했던 서양철학의 출발점 자체를 회의했다. 그는 '진리'라는 게 발견될 수 있기나 한 것인지, 또는 오류는 인류에게 부득이한 것은 아닌지 하는 문제를 직시하고 이를 논의한다. 그리하여 '인간의 진리란 결국 인간의 반박할 수 없는 오류들'이라고 말하면서 세계는 무의미하고 혼돈스러운 것이라고 결론 맺는다. 따라서 신은 존재하지 않을 뿐만 아니라 질서를 부여하는 다른 어떤 원리도 존재하지 않는다고 천명한다. 그가 '진리'를 부정하는 대신 주목한 문제는 진리를 밝히려는 '힘이 무엇'인가 하는 것이었다. 그리하여 영원회귀를 통해 삶을 긍정했으며, 자기 극복의 의지와 풍부하고 강력한 생명력을 지닌 최상의 존재를 세상에 내놓는다. 이 사상의 전달체가 바로 『차라투스트라는 이렇게 말했다』였다. 그런데 참된 사상가는 진지함을 표현하든 농담을 하든, 인간적인 통찰력을 표현하든 신성한 관대함을 표현하든 항상 흥겹게 하고 기분을 상쾌하게 한다.

이처럼 니체에게는 예술가와 철학자, 자유정신의 소유자, 철학적 심리 분석가로서의 모습이 다양하게 섞여 있다. 니체는 인간과 세상의 병의 징후를 진단하고 치유하는 의사이고, 자신의 도덕 목록을 갖고 건강하게 살기를 가르치는 교육자이자 계몽가다. 그는 자신을 알고 사랑하며 긍정할 줄 아는 건강한 삶을 강조하면서, 위대한 건강이 실현되는 행복한 삶을 꿈꾼다. 스트레스를 이기는 니체의 모토는 '웃고 노래하며 춤춰라'*이다. 구원의 길은 명랑함을 통해서만

---

* 노년의 괴테는 슈타인 부인에게 보내는 편지에서 자신의 삶을 '사랑하고, 괴로워하고, 배우노라.'라고 요약한 바 있다.

열린다. 그러기 위해서는 세상을 어느 정도 초월하여 마음과 감정이 시류와 세상의 변화에 이리저리 흔들리지 않도록 하는 것이 필요하다. 니체가 말하는 자유정신의 소유자는 묵묵히 걸어가며 자신을 실험하고 위험한 일을 시도하는 사람이다. 자유정신을 결정하는 것은 신념의 확고함이 아니라 명령자의 정신, 강자의 정신이다. 니체가 보여준 실험 정신과 사유의 전환은 현대 철학의 형성에 풍부한 자양분을 제공해주었다. 그의 사상은 철학뿐만 아니라 문학, 정신분석학, 심리학, 신학, 사회학 등의 인문 사회 분야와 음악, 미술, 건축 등 예술 분야에 이르기까지 큰 영향을 미치고 있다.

4. 니체의 사랑의 심리학과 루 살로메

니체는 사랑에 관해 많은 글을 쓴 사랑의 철학자 겸 심리학자이기도 하다. 철학에 사랑의 문제를 처음 제기한 철학자는 쇼펜하우어다. 그는 우리의 몸에서 느끼는 식욕, 성욕을 삶에의 맹목적인 의지라고 부른다. 그는 특히 '생식기는 의지의 본래적인 초점'이라고 말한다. 그가 볼 때 생식기에 대립되는 극은 인식 기관인 뇌수이다. 토마스 만도 쇼펜하우어 철학의 에로틱한 점을 받아들였다고 공공연히 말한다. 프로이트는 쇼펜하우어한테서 힌트를 얻어 리비도라는 개념을 만들어낸다.

니체는 당대의 관점에서 사랑과 여성에 대한 글을 쓴 탓으로 지금의 시각으로 볼 때 부정적으로 비치기도 한다. 또한 그는 대지에 생긴 질병이라며 인간이라는 종 자체에 비판적이었고, 나아가서 독일인과 유대인에 대해서도 비판을 가했다. 그렇다고 글을 안 쓴 사람들의 견해가 더 나은 것은 아니다. 문제를 제기했다는 것은 그것을 중요한 문제로 인식했기 때문이라고도 볼 수 있다.

쇼펜하우어를 유명하게 한 에세이집인『소품과 부록Parerga und Paralipomena』(『쇼펜하우어의 행복론과 인생론』)의 '여성론' 장에 대해 독서 모임의 지식인 여성들이 관심을 보이며 재미있어했다. 여성을 악평한 니체는 여자 조교를 추천했지만 다른 교수들의 반대로 무산되었다. 그런 것으로 볼 때 두 사람의 시각만 문제고 다른 사람들은 괜찮다는 생각은 아니라고 본다. 사실 아리스토텔레스나 헤겔도 그런 점에서 자유롭지 못하다. 헤겔은 남성은 동물, 여성은 식물에 비유하여 말한 바가 있다. 여성에게 투표권이 없던 시절이다. 그때는 21세기와는 다른 시대였고, 프랑스 대혁명 당시 인권 선언을 한 프랑스도 제2차 세계대전 중에야 여성에게 참정

권을 부여했을 뿐이다.

　니체는 평생 독신으로 살았으되 독신주의자는 아니었고, 두 여성한테 청혼했으나 실패로 끝났다. 1876년 4월, 그는 제네바에서 네덜란드 출신의 음악가로 남몰래 피아노 선생을 사랑하던 23세의 마틸데 트람페다흐Mathilde Trampedach 에게 다짜고짜 청혼하지만 거절당한다. 그녀를 알게 된 지 며칠 되지 않은 때였다. 니체는 그녀의 남자친구이자 훗날 남편이 된 지휘자 젱거Hugo von Senger가 전달한 편지로 청혼했다가 거절당했다. 그리고 바이로이트 축제에서 피아노를 잘 치고 노래 실력이 뛰어난 루이제 오트라는 여성에게 마음을 빼앗겨 편지를 주고받았고, 그녀도 니체에게 호감이 있었으나 그녀에게는 이미 은행가 남편이 있었다. 또한 1882년 로마에서 루 살로메(Lou Andreas-Salomé, 1861~1937)와 교제하면서 그녀에게 두 차례 청혼하지만 역시 퇴짜맞는다. 그는 사랑에 관해 많은 글을 썼으나 결국 현실에서의 사랑은 이루지 못한 것이다. 사실 사랑에도 기술과 연습, 숙달이 필요하다. 니체는 사랑하는 법도, 친절해지는 법도 배워야 한다고 말한다. 그것도 어릴 때부터. 또한 자기 자신을 사랑하는 법을 배워야 한다고 역설한다. 마찬가지로 니체는 유능한 증오가가 되려면 증오도 배우고 길러야 한다고 말한다. 맞는 말이다. 증오에도 기술이 필요한 것이다.『사랑의 기술』을 쓴 에리히 프롬도 그런 점에서 니체의 제자이다. 사랑이 기술이라면 사랑에 지식과 노력이 필요하다는 것이다. 우리가 사랑하려고 애쓰면서도, 진정으로 나를 주는 사랑을 하고 싶으면서도 이러한 사랑에 실패하게 되는 원인은 바로 기술의 미숙성에 있다. 이를 극복하기 위해서는 훈련과 인내의 과정을 거쳐야 한다는 것이다.

사랑이란 무엇인가? 사랑의 심리는 묘하다. 사랑하는 이는 사랑의 응답을 받으면 오히려 사랑의 환상에서 깨어날지도 모른다. 니체는 관능을 정신적인 것으로 승화시킨 것을 사랑이라고 한다. 사랑은 채우려는 것인가, 비우려는 것인가? "어떤 자는 텅 비어 있어 가득 채우려 하고, 어떤 자는 가득 차 있어 자신을 비우려 한다. 양자 모두 자기들에게 유익한 어느 개체를 찾으려 한다. 가장 높은 의미에서 이해하면, 이런 과정은 두 가지 모두 한마디로 말해 사랑이라 불린다." 사랑할 때 우리는 우리의 결점이 감춰지기를 바란다. 그것은 허영심 때문이 아니라 사랑하는 사람이 고통을 당하지 않도록 하기 위해서이다. 사랑에 빠지면 신처럼 보이고 싶어 하는 법이다. 사랑은 사랑하는 사람의 고귀하고 숨겨진 특성, 그의 진기하고 예외적인 면을 드러내 보인다. 그런 점에서 사랑은 그 사람의 일상적인 점을 잘못 보게 한다.

니체는 한 쌍의 연인이 있으면 보통 한쪽은 사랑하는 사람이고, 다른 쪽은 사랑을 받는 사람으로 본다. 그래서 모든 연애 관계에서 사랑의 양이 언제나 똑같다는 것이다. 한쪽이 사랑을 더 많이 차지할수록 상대편에게 돌아가는 사랑이 더 적어진다. 예외적으로 두 사람 모두 사랑을 받으려고 하는 경우가 생기기도 한다. 이런 경우 결혼 생활은 반은 우스꽝스럽고, 반은 어리석게 보이리라. 우리는 사랑을 통해 결혼에 이르고 거기서 다시 영원한 사랑을 맹세하지만, 그것은 우리를 사랑에 빠뜨린 정열에 반하는 맹세이다. 정열이란 확 타오르다가 그냥 꺼져버리기 때문이다.

사람들이 사랑을 그토록 강조하고 신격화해서 말한 것은 그들이 사랑을 별로 갖지 못했기 때문이다. 교육과 우연이 이런 감각을 훈련할 기회를 우리에게 제공하지 않으면 우리의 영혼은 메마르고, 다정한 사람들의 그런 섬세한 감각을 이해하는 데조차 적합하지 않게 되기 쉽다. 상대방에게 사랑과 존경을 동시에 받을 수 있는가? 니체는 그럴 수 없다고 말한다. 한 사람이 동시에 사랑과 존경을 받기는 어렵다. 사랑은 갈망하고, 두려움은 피하는 속성이 있다. 존경하는 자는 상대의 권력을 인정하고, 그것을 두려워하기 때문이다. 권력을 인정하고, 그것을 두려워하는 경우의 상태는 외경이다. 하지만 사랑은 권력을 인정하지 않는다. 상위에 두거나 하위에 두는 것을 인정하지 않는다. 루 살로메 역시 니체를 존경할 수는 있어도 사랑할 수 없다고 말한다. 사랑은 존경하지 않으므로 명예욕이 강한 사람들은 몰래 또는 공공연히 사랑받는 것에 저항한다. 위대한 사랑은 큰 문제를 해결할 수 있다. 그러려면 자기 자신 위에 굳건히 앉아 강하고 원만하고 확실한 정신을 길러야 한다. 위대한 사랑에는 인격의 풍요로움, 내면의 충만함, 넘쳐흐름과 베풂, 본능적인 행복감뿐 아니라 자신에 대한 긍정이 필요하다. 그러나 사랑을 가르칠 수는 없다.

니체는 결혼 생활을 불행하게 만드는 것은 사랑의 결핍이 아니라 우정의 결핍이라고 말한다. 그러니 행복한 결혼 생활을 위해서는 환경이나 상대를 탓할 것이 아니라 우정을 키우는 재능이 필요하다. 결혼에 대한 그의 입장은 양가적이다. 결혼을 권유하면서도 결혼을 성가시게 생각하기도 하기 때문이다. 두 가지 견해 모두 그의 진심으로 보인다. "만약 그녀가 나를 사랑한다면 그녀는 내게 얼마나 성가시겠는가! 그리고 그녀가 나를 사랑하지 않는다면 그녀는 그때부터 내게 얼마나 성가시겠는가!─결국 두 가지 종류의 상이한 성가심이 있을 뿐이다.—그러니 결혼하라!"

니체는 인간들이 사랑의 응답을 갈구하면서도 그것이 성취될 때 마음이 달라진다고 말하는데 그럴듯하기도 하다. 이러니 아슬아슬한 밀당이 필요한 게 아닐까. "사랑하는 자는 사랑의 응답을 받으면 사랑받는 존재에 대한 환상에서 깨어날지도 모른다. '뭐라고, 너 따위를 사랑하다니 형편없는 것이 아닌가? 아니면 너무 어리석은 것이 아닌가?'"

그러면 루 살로메에 대한 니체의 실제 사랑은 어떻게 시작되고 어떻게 끝났는가? 이론과 실제는 같지 않다. 1861년 제정 러시아의 수도 상트 페테르부르크에서 태어난 루 살로메는 다섯 오빠의 지나친 애정과 관심을 받으며 자라났다. 아버지는 러시아 장군으로 위그노의 후예였다. 당시 지적, 예술적 활동의 중심지였던 상트 페테르부르크에서 루는 부족함 없이 성장했다. 그녀는 18세 때 처음 청혼을 받는다. 상대는 스승이었던 43세의 목사 헨리 길로트Hendrik Gillot였다. 그는 루에게 형이상학, 논리학, 문학, 종교학, 예술학, 철학 등 서구 문화의 지식을 심어준 사람이었다. 그녀는 길로트를 깊이 존경했지만, 그가 자신에게 육체적 욕망을 느끼는 것을 받아들이지 못한다.

1880년 길로트와 헤어진 루는 러시아를 떠나 취리히 대학에 입학한다. 당시 스위스의 취리히 대학은 여자에게 입학을 허용하는 몇 안 되는 대학 중 하나였기 때문이다. 그런데 이 보기 드문 천재가 중병에 걸리고 말았다. 기침을 심하게 하다가 피를 토하고 만 것이다. 루의 어머니는 죽어가는 딸을 데리고 이탈리아의 로마에 도착했다. 이탈리아의 따뜻한 기후가 루의 건강 회복을 위한 마지막 희망이었던 것이다. 휴양차 간 로마에서 루는 철학자 파울 레Paul Rée를 알게 되었다. 독일계 유대인으로 부유한 기업가의 아들인 레는 도박 중독자였다. 그는 몬테카를로에서 돈을 몽땅 털리고 말비다에게 도움을 청하기 위해 그녀를 찾아왔다가 루를 만나게 되었다. 남작 부인 마이젠부크는 당시 루를 보살피고 있었다.

32세의 파울 레는 처음 만나는 순간 루에게 빠져들었다. 루는 파울 레에게 이성에 대한 사랑은 자신에게 완전히 닫혀 있다고 말했지만, 파울 레는 그녀에 대한 사랑으로 괴로워했다. 루는 그에게 남녀 관계보다는 '학문 공동체'로 지내자고 제안했다. 파울 레는 어떻게든 루와의 관계를 지속하고 싶었다. 레는 루의 지적인 용모, 학문에 대한 열정에 빠져 그녀에게 사랑을 고백하지만, 루는 그의 청혼을 물리친다. 그러면서 당시 러시아 지식인들 사이에서 유행하던 '가상 결혼'이라는 독특한 제안을 한다. 그것도 남자 한 명을 더한 세 사람의 동거를 말이다. 곧 레는 친구인 니체가 고독하게 살고 있다는 사실을 기억해냈다. 고심하던 레는 니체에게 부탁했고, 1882년 4월 니체가 로마에 도착한다. 니체는 38세, 루는 21세, 레는 32세였다. 이때 니체는 쇼펜하우어의 '미적 염세주의'의 그늘에서 막 벗어나 고유한 철학 체계를 구축하던 시기였다.

이렇게 한 여자를 사랑하는 두 남자의 기묘한 동거가 시작되었다. 니체의 "여자를 보려고 하는가? 회초리를 잊지 말아라."라는 말은 파울 레와 니체, 그리고 루 살로메가 지적 삼위일체를 만들기로 하고 찍은 사진을 두고 하는 말이 분명하다. 니체가 그녀를 처음 만나 한 말은 "어떤 운명적인 힘이 우리를 서로 만나게 했나요?"였다. 니체는 당시 자신의 인생에 새로운 여명이 빛나고 있음을 느낀다고 기록하고 있다. 그는 그 후에 집필한 『차라투스트라는 이렇게 말했다』에서 루를 '이 지상에서의 이상'으로 칭송하기도 한다. 그녀를 자신의 유일한 제자라고 여긴 니체는 그녀를 믿고 마음속 깊이 감춰둔 비밀스러운 이야기까지 속속들이 털어놓는다. 루 살로메는 니체, 파울 레에게 세 사람이 동거하는 '성스럽지 못한 삼위일체' 계획을 제안한다. 니체가 파울 레를 통해 그녀에게 청혼하자 분방한 생활을 즐기는 정신의 소유자 루 살로메는 니체의 청을 매몰차게 거절해버리고, 그의 친구인 파울 레와 동거 생활에 들어간다. 니체는 이 사실을 알고 큰 충격을 받는다. 철저히 고립된 생활을 하는 니체에게서 루 살로메는 존경과 호기심, 그리고 반발을 느꼈을 뿐이었다. 그녀는 그저 니체를 존경하고 그의 철학을 사랑했을 뿐 사랑하고픈 생각은 없었다. 존경과 사랑은 같이 가지 않는 것이다. 니체는 이때를 가리켜 '내 생애 가운데 최악의 겨울'이라 회고했고, '결혼한 철학자는 희극에나 어울린다'라며 결혼에 부정적인 생각을 갖게 되었다. 그는 자유정신의 소유자들이 여자와 함께 살아가기란 어려울 것이고, 현재를 진실하게 생각하고 진실을 말하는 자로서 혼자 날아가는 것을 선호할 것으로 생각한다.

심한 상처를 받고 질투와 배신감에 사로잡힌 니체는 루에게 수십 통의 편지를 쓰고, '작고 나약하고 더럽고 교활한 여자, 가짜 가슴을 달고 다니는 구역질 나는 운명'이라며 루에게 악담을 퍼붓기도 한다. 또한 지인들에게 루를 비난하는 편지를 썼고, 레에게는 결투 신청을 하기도 했다. 후일 유방암에 걸려 유방 절제 수술을 받고 나서 그녀는 "지금

이렇게 가짜 가슴을 달고 있으니 니체가 옳았다."라고 담담하고 재기 있게 말한다.

1883년 1월, 니체는 급박한 위기를 극복하고 "내 영혼에서 무거운 돌을 굴려 털어냈다."라며 차라투스트라 제1부를 썼다. 루 살로메와의 경험의 흔적은 여성의 본질과 관련된 장에서 읽을 수 있지만, 동시에 그는 자신의 삶에서 이 에피소드를 결말 짓고 극복하게 되었다. 루와 파울 레의 동거는 여러 해 동안 지속되었지만, 루가 동양학자 안드레아스Friedrich Carl Andreas와 '독신 결혼'이라는 조건으로 결혼함으로써 레와 루의 동거는 끝장나고 말았다. 루의 결혼 소식을 들은 니체는 슬픔에 빠져 유명한 말을 쓴다. "당신이 나에게 거짓말을 해서 화가 난 것이 아니라 지금부터 당신을 믿을 수 없다는 사실에 화가 납니다." 니체는 루의 결혼 소식에 우울증에 빠지기도 한다. 파울 레는 니체가 사망한 다음 해인 1901년 스위스 남동부의 어느 산 위에서 깊은 골짜기를 향해 몸을 던졌다. 그곳은 그가 루와 함께 가장 행복한 시절을 보냈던 장소가 바라보이는 지점이었다.

사랑에 실패한 니체는 고통스러운 운명에 스스로 기쁨의 축복을 내리고 자신의 운명을 사랑하는 것으로 아픔과 우울증을 극복한다. 그것은 가장 낯설고 가혹한 삶의 문제들과 직면해 있으면서도 삶을 긍정하는 것이다. 그는 스스로의 몰락마저 사랑할 줄 안다. 그에게 사랑이란 삶을 사랑하는 것이고, 그 핵심은 노래 부르고 춤추고 웃을 줄 아는 것이다. 니체는 이 삶을 다시 한번, 그리고 무수히 반복해서 살겠노라고 다짐한다. 운명이란 동일한 것, 자신의 삶에 영원히 회귀하는 것, 그것으로부터 탈주할 수 없는 어떤 것이다.

그는 말한다. "네 운명을 사랑하라. 이것이 지금부터 나의 사랑이 될 것이다! 나는 추한 것과 전쟁을 벌이지 않으련다. 나는 비난하지 않으련다. 나를 비난하는 자도 비난하지 않으련다. 무엇보다 나는 언젠가 긍정하는 자가 될 것이다!"

사람들로부터 외면받고 있던 니체에게 드디어 반가운 소식이 왔다. 덴마크의 유명한 문예 평론가 게오르크 브란데스*가 니체의 저서, 특히 『인간적인 너무나 인간적인』과 『도

---

* 게오르크 브란데스(Georg Morris Cohen Brandes, 1842~1927): 1870년대부터 20세기에 이르기까지 스칸디나비아와 유럽 문학에 큰 영향을 미친 덴마크의 비평가 겸 학자. 1880년대 후반, 브란데스는 문화의 원천인 '위대한 인물'에 집중하기 시작했다. 이 시기에 그는 니체를 발견하여 스칸디나비아 문화뿐 아니라 간접적으로 전 세계에 그를 소개했다. 그가 '귀족적 급진주의'라고 묘사한 니체의 사상에 대한 일련의 강연은 니체를 지적인 주목을 요하는 세계 문화 인물로 처음으로 소개한 것이었다. 니체는 자신의 철학에 대한 브란데스의 설명에 대해 다음과 같이 말했다. "당신이 사용하는 '귀족적 급진주의'라는 표현은 매우 훌륭합니다. 그것은 내가 지금까지 읽은 것 중 가장 영리한 것입니다."

덕의 계보학』에서 금욕적 이상에 대한 경멸, 민주적 평범함에 대한 분개, 귀족적 급진주의에 나타난 독창적인 정신을 알아보았다. 그는 위험한 자유정신을 옹호하는 사람이었다. 1888년 4월 그는 코펜하겐 대학에서 '프리드리히 니체, 귀족적 급진주의에 관한 논의'라는 제목으로 두 차례 강연을 열어 청중의 큰 호응을 얻었다. 그는 덴마크인이 주인 도덕을 잘 이해하는 것이 아이슬란드 영웅전설 때문이 아닌가 생각했다. 브란데스의 마지막 설명은 이러했다. "현대 사조에서 위대한 예술은 가장 개인적인 성향을 지닌 예외적이고 독립적이며, 저항적이고 귀족적인 자기 우월감을 지닌 위대한 지성인에게서 나옵니다."

"사람들은 다른 사람들을 사랑하는 것을 잊어버리기 시작하고, 그로써 자신에게서 사랑스러운 점을 더 이상 발견하지 못하게 된다."라고 니체가 『아침놀』에서 한 말은 그 자신에게도 적용되는 말일지도 모른다. 그는 어느 편지에서 자신을 편들기보다 호기심과 반어적 저항감을 가지고 자신을 대하는 것이 더 지적인 태도라고 피력한다. 니체의 과도한 집착에도 불구하고 당시 루가 철학자로서의 니체에게 내린 평가는 매우 긍정적이었고 미래를 정확하게 예측하는 것이기도 했다. 그녀는 니체와 결별할 무렵 "우리는 니체가 새로운 종교의 예언자로 등장하는 것을 보게 될 것이고, 그는 많은 영웅을 제자로 두게 될 것이다."라고 일기장에 적었다. 그리고 그녀의 예언이 그대로 실현되었다.

5. 주요 저작 소개

1) 『비극의 탄생』

니체는 독불전쟁의 포성이 울려 퍼지는 중인 1870년과 1871년 사이에 자신의 첫 작품 『비극의 탄생』을 쓰기 시작하여 1872년 1월 2일 출간했다. 그의 나이 28세 되던 해였다. 원제목은 『음악 정신에서 나온 비극의 탄생』이었다. 니체는 바그너에게 이 책과 함께 운명의 힘 때문에 책 발간이 늦어졌으며 운명의 힘으로도 매듭은 묶을 수 없었다는 내용의 편지를 보냈다. 바그너는 "자네의 책보다 더 멋진 책은 읽지 못했네."라며 최고의 찬사를 보낸다. 부인 코지마도 '모든 면에서 심오하고 아름다웠다, 그동안 내면에 품고 있던 질문에 대한 답이 모두 담겨 있었다'며 칭찬을 아끼지 않았다.

니체는 바그너와 친교를 맺기 이전인 1868년 10월 8일 친구 로데에게 보낸 편지에서 그를 '딜레당티즘의 대표자'라며 비판적으로 평가한 적이 있었다. 그러나 그는 자신을 매혹시켰던 쇼펜하우어적 요소인 '윤리적 분위기와 파우스트적 향기, 십자가, 죽음 그리고 무덤' 등이 바그너에게서도 발견됨을 인정하고 생각을 바꾸게 된다. 그로부터 3주 후 니체는 「트리스탄과 이졸데」와 「뉘른베르크의 장인 가수들」의 서곡이 상연되는 연주회장을 찾는다. 그는 이 음악에 냉정한 태도를 취하려고 하나 몸의 힘줄 하나하나가 경련을 일으키는 황홀경에 사로잡히고 만다. 니체는 「바그너에게 바치는 서문」에서 '예술은 최고의 과업, 삶에서 일어나는 진정한 형이상학적 활동'이라고 칭찬한다.

대학 시절 니체의 하숙집에서는 음악 애호가인 탁월한 학생 니체에 대한 칭찬이 자자했다. 그래서 라이프치히에 있는 여동생과 매제 브로크하우스의 집을 방문한 바그너는 이 젊은 고전 문헌학자를 한번 만나보고 싶어 한다. 바그너의 여동생은 니체의 은사였던 알브레히트 리츨 교수의 부인 친구였는데, 리츨 교수의 부인이 바그너의 음악을 니체한테서 소개받았다고 하자 바그너는 그 젊은이에게 더욱 관심을 갖게 되었다. 그해 11월 8일, 바그너가 니체에게 다가와 몇 마디 칭찬의 말을 하고는 어떻게 자신의 음악을 알게 되었는지 묻는다. 니체와 바그너는 처음부터 죽이 잘 맞았다. 쇼펜하우어가 화제에 오르자 바그너는 그를 가리켜 음악의 본질을 아는 유일한 철학자라고 치켜세운다. 바그너의 쇼펜하우어에 대한 이해는 피상적인 수준에 머무른 것이 아니었다. 니체는 자신이 아는 사람 중 바그너보다 쇼펜하우어를 더 잘 이해하고 있는 사람을 보지 못했다고 말했을 정도였다. 1868년은 쇼펜하우어가 세상을 떠난 지 8년째 되는 해였다. 바그너는 청년 독일파 시인 헤어베그를 통해 1854년 쇼펜하우어 철학과 만난 이래로 죽을 때까지 '그에게 얼마나 감사를 표해야 할지 모르겠다'라고 거듭 말했다고 한다. 바그너가 「뉘른베르크의 장인 가수들」의 몇 소절을 연주해 보이자 니체는 마법에 걸린 듯 황홀감을 느낀다. 모임이 끝날 무렵 이 거장은 니체의 손을 다정하게 잡고 철학과 음악을 논해보자며 트립셴의 자기 집으로 니체를 정식 초대한다.

그리하여 1869년 2월 12일 은사 리츨 교수의 추천으로 박사 학위도 없이 스위스 바젤 대학에 초빙받은 니체는 4월 19일 그곳에 도착한 뒤 5월 17일 루체른 근교의 트립셴에 있는 바그너 부부의 저택을 처음으로 방문한다. 트립셴의 방문은 니체와 바그너의 지적인 우정으로 발전했다. 니체는 바그너의 생일인 5월 22일 자신이 '지금까지 게르만적인 삶의 진지함과 불가사의하고 의심스러운 현존에 대해 깊은 성찰을 할 수 있었던 것은 바로 바그너와 쇼펜하우어 덕분'이라는 찬사의 편지를 쓴다. 니체는 바그너와의 토론을 통해 철학에 더욱 깊이 빠지게 되어 문헌학자로서가 아닌 철학자로서의 삶을 살아가기 시작한다. 그 후 니체는 바그너 부부와 밀접하게 교류하면서 1869년부터 3년 동안 그의 저택을 스물세 번이나 찾아간다. 그는 친구 게르스도르프에게 보낸 편지에서 "그중 의미 없었던 날은 하루도 없었으며, 그들이 없었다면 지금의 내가 어떤 모습이었을지 모르겠네!"라고 썼다. 그때는 니체와 바그너 부부 사이에 구름 한 점 없는 청명한 시절이었다. 후일 『이 사람을 보라』에서도 니체는 바그너를 '내 생애 최고의 은인'이라 부르며 '그를 사랑했다'라고 토로한다.

니체는 코지마의 아버지 리스트에게도 편지를 보냈다. 그 역시 이렇게 예술을 잘 정리한 책은 보지 못했다며 호의적인 반응을 보였다. 하지만 니체는 철학자나 문헌학자, 언론의 반응을 초조하게 기다렸으나 그들에게서는 아무런 평가가 나오지 않았다. 니체는 스승 리츨에게도 편지를 보내 답변을 구했는데, 그는 니체가 과대망상에 빠져 제멋대로 헛소리를 지껄인다고 생각했지만 '자의식을 몰아 상태로 녹여내는 것이 좋지 않겠느냐'는 등의 모호하고 교묘한 표현으로 니체를 과히 기분 나쁘게 하지는 않았다. 니체가 존경한 야코프 부르크하르트 역시 그 책의 논리와 과격한 태도, 오만한 말투를 언짢게 여겼다.

1886년『선악의 저편』이 나오던 해에 니체는『비극의 탄생』을『비극의 탄생 또는 그리스 정신과 비관주의』라는 제목으로 다시 펴내면서 서문에「자기비판의 시도」를 첨가해 14년 전의 자신을 비판적으로 바라본다. 여기서 책의 부제로 언급된 비관주의는 세상에 대한 염세주의가 아니라 힘과 활력, 건강을 추구하는 의지, 헬라스적 강함의 비관주의를 의미한다. 이제 바그너 음악은 '삶의 충만성'에서 나오는 디오니소스적 예술이 아니라 '삶의 궁핍'으로 고뇌하는 자들의 구원, 도취, 마취, 광기 같은 것으로 보인다. 바그너는 음악가라기보다는 배우이자 연출가이고, 청중은 찬성표만 던지는 거수기, 보호자, 바보가 되고 만다는 것이다.『비극의 탄생』의 새로운 서문은『우상의 황혼』(1888)의 마지막 단락*이라 볼 수 있다.「자기비판의 시도」는 그가 집필했던 것 중 가장 훌륭한 것에 속한다. 어느 누구도 자신의 글의 서문에 이러한 가혹한 자기비판을 쓰지 못할 것이다. 이 글은 바그너를 비판하는 점에서 2년 후에 나온「바그너의 경우」와 연결되고 있다.『비극의 탄생』에는 과장되고 모호하게 쓰인 것과 같은 많은 결점이 있긴 하지만, 그것은 아리스토텔레스의 『시학』 다음으로 그리스 비극을 다룬 중요한 책이라 할 수 있다. 그러나 『비극의 탄생』은 비극만을 다루는 것이 아니라 학문과 예술의 관계, 그리스 문화의 현상 전체, 그리고 현시대도 다루고 있다. 그 책에서 니체는 자신을 어떤 낯선 목소리, 즉 '알려지지 않은 신'의 사도가 '학자의 두건을 쓰고 독일인의 둔중함과 변증법적 뚝뚝함 속에, 바그너주의자들의 무례한 태도 속에 자신을 감추고' '함께 열광할 사람들을 찾아내어 그들을 새로운 샛길과 무도회장으로 유혹하는 법' 역시 잘 터득한 인물로 묘사하고 있다. 이처럼 니체는 바그너를 통해 광기 어린 민족주의에 기반한 독재권력이 독일에 암울한 그림자를 드리우고 있음을 일찍이 예감했던 셈이다.

---

* 거기서 니체는 헬라스인들의 비관주의가 쇼펜하우어적인 의미에서의 비관주의와 다르다면서, 비극을 그런 비관주의에 대한 단호한 거부이자 대응 심급으로 간주한다. 또 아무리 가혹한 문제를 안고 있더라도 삶 자체를 긍정하는 삶에의 의지를 디오니소스적이라고 칭한다. 그리고 『비극의 탄생』을 모든 가치의 첫 번째 가치의 전도로 보면서, 자신을 디오니소스의 최후의 제자이자 영원회귀의 스승이라 일컫는다.

2) 『반시대적 고찰』

호전적인 성격을 띤 『반시대적 고찰』은 『비극의 탄생』에 이어 1873년부터 1876년에 걸쳐 발표된 네 편의 논문으로 구성되어 있다.* 이 저서의 반시대성은 시대에 냉담하게 등을 돌린다는 의미에서의 반시대성뿐 아니라 시대를 향해 적극적인 비판을 하고 이 비판이 미래를 향하고 있다는 점에 있다. 니체가 볼 때 참된 철학자의 진수인 쇼펜하우어와 미래의 예술 작품을 주장한 바그너는 그러한 반시대적인 인물이었다. 니체에게는 진리를 말하는 것이 반시대적이라고 느껴졌다. 니체에게 참된 철학자란 시대에 깃든 불만을 뛰어넘도록 우리를 도울 수 있고, 사유와 삶에서 단순하고 정직하며, 따라서 언어의 가장 깊은 의미로 이해된 반시대적이라는 것을 가르치는 자이다.

이 저서는 '근대 세계에 대한 가차 없는 전투로서 전진하라'를 기치로 내건 도전장이다. 그러나 적은 외부뿐 아니라 자기 내부에도 똬리를 틀고 있다. 그러므로 『반시대적 고

---

* 1. 다비트 슈트라우스, 고백자와 저술가(1873) 2. 삶에 대한 역사의 공과 (1874) 3. 교육자로서의 쇼펜하우어(1874) 4. 바이로이트의 리하르트 바그너 (1876)

찰』은 자기비판이기도 하다. 니체는 이 근대 비판을 통해 미래에 모든 싸움과 신음과 울음소리가 없어진 시대를 기대한다. 그러므로 니체가 말하는 반시대적 개념은 시대 비판이라는 부정적인 면과 미래에 대한 기대라는 긍정적인 면을 담고 있다. 이 양면은 젊은 니체의 영혼 속에서 갈등을 일으키고 있었다. 그렇기에 전체적으로 보면 이 책은 문명 비판론과 문화론에 그치는 것이 아니라 젊은 니체가 자신의 심정과 포부를 밝힌 작품이다. 거기에는 니체의 가장 내면적인 역사, 그의 생성, 미래의 비전이 기록되어 있다는 점에서 볼 때 『반시대적 고찰』의 주제는 근대 문화 비판이라기보다는 엄격한 자기 추구, 자기 도야이다.

독일은 1871년에 독불전쟁에서 승리하고 독일 통일을 실현했다. 그러나 니체는 일반적인 여론과는 달리 무기의 승리를 문화의 승리로 보지 않는다. 그래서 무기의 성과를 교양의 승리로 여기는 교양 속물을 공격하기에 이른다. 본래 인간의 우월을 동반하지 않는 정치의 우월은 최대의 손해라는 것이다. 따라서 무기의 승리를 의의 있게 하기 위해서는 문화적 주체성 확립이 급선무이다. 니체가 볼 때 문화의 모범인 고대 그리스 비극 시대의 몰락은 페르시아 전쟁으로 시작된다. 그리스인은 전쟁에는 이겼으나 이 승리는 비극의 정신을 상실하는 계기가 된다. 페르시아 전쟁 이후 그리스 본토를 뒤덮은 전쟁 과열은 비극의 정신을 상실하여 이윽고 알렉산드리아·로마 문화가 성립하는 단서가 된다. '알렉산드리아적'이란 학문주의, 이성주의, 이론적 합리주의가 현대 문화와 교육에 광범위한 이상이 되었음을 비판하기 위해 니체가 만든 조어다. 니체에게 이 문화는 삶으로부터 유리된 장식 문화에 불과하다. 근대 문화는 이 알렉산드리아·로마 문화의 전통을 계승해 비극이 번영한 그리스 문화의 전통을 망각하고 있다. 니체는 독불전쟁의 승리로 근대 문화를 저지하고 그리스의 비극 문화를 재건하기를 바란다.

참된 독일 정신은 비극의 정신을 품고 있는데, 그것을 현대에 대표하는 자는 쇼펜하우어와 바그너이다. 그러나 독일의 정치열은 이들의 비극적인 문화를 이해하려 하지 않는다. 이는 페르시아 전쟁 이후의 그리스 정세와 같다. 교양인은 여론을 등에 업고 개가를 부르며 근대풍의 장식 문화를 구가하고 있다. 그러한 교양인이 다비트 슈트라우스로 대표되는 교양 속물이다. 슈트라우스적 속물은 위대한 시인과 음악가의 작품 속에서 벌레처럼 살고 있다. 이 벌레는 파괴하면서 살아가고, 먹어치우면서 경탄하고, 소화하면서 숭배한다. 구더기들은 비만한 몸속에서 천국을 꿈꾸고, 철학 교수들은 쇼펜하우어의 창자를 파헤치는 일에서 천국을 꿈꾼다. 니체는 다비트 슈트라우스를 교양 속물의 전형으로 제시했던 것이지 물론 그만이 교양 속물은 아니다.

니체는 제2편 '삶에 대한 역사의 공과'에서 삶이 역사에 봉사하는 것이 아니라 반대로 역사가 삶에 봉사해야 한다고 주장한다. 역사가 삶에 봉사하려면 과거에 대한 특정 지식이 필요하다. 어떤 때는 기념비적 역사, 다른 때는 골동품적 역사, 그러다가 비판적 역사가 필요해진다. 니체는 삶이 무엇인가 하는 문제에 제대로 답하고 있지는 않으나 답의 방향은 주어져 있다. 삶은 역사적인 것과 비역사적인 것 두 가지로 이루어져 있다. 이 두 가지는 개인과 민족, 문화의 건강에 똑같이 필요하다. 완전히 비역사적인 삶은 동물적이다. 동물은 과거에 연연하지 않고 현재라는 순간 안에서만 생활하기 때문이다. 과거를 입고 미래를 잉태하는 인간의 삶은 자연적인 것이 아니라 역사적인 것이다. 과거의 문화유산 없이는 인간으로서의 삶이 성립되지 않는다. 여기에 니체는 초역사적인 것을 언급한다. 초역사적인 것은 우리의 생존에 생성을 초월한 영원이라는 성격을 부여한다. 그러한 것으로 니체는 예술과 종교 그리고 철학을 든다. 그러한 초역사적인 것을 몸으로 체험하는 자가 영웅이고 천재다. 니체의 천재는 헤겔이 말하는 것처럼 시대정신의 체현자가 아니라 시대를 거스르는 투사이다.

제3편 '교육자로서의 쇼펜하우어'는 니체 자신의 내면적 역사의 기록이다. 거기에는 그가 변하는 모습이 기술되어 있다. '교육자로서의 쇼펜하우어'에는 '교육자로서의 니체'가 표명되어 있다. 쇼펜하우어 철학은 젊은 니체의 혼과 육체를 파멸시킬 정도의 강한 충격을 주었다. 자기를 분쇄할 만큼 격렬한 자기 인식에 쫓긴 니체는 무신론자 쇼펜하우어로부터 더없이 엄격한 자기 추구와 자기 도야를 배웠다. 그는 위대한 철학자의 실례를 쇼펜하우어에게서 본다. 영웅적 인생행로를 보인 쇼펜하우어는 이제 니체에게 위대한 교육자가 된다. 니체는 쇼펜하우어적 인간상을 자연인인 루소적 인간상, 정관자인 괴테적 인간상과 대비하여 멋지게 그려낸다. 그런데 쇼펜하우어적 인간상은 비극적 인간이다. 이리하여 니체의 자기 추구는 결국 자기희생을 위한 도야가 된다. 후일 바그너와 함께 쇼펜하우어와 결별하지만 그에게서 받은 교육은 그 후에도 변함없이 존속한다. 니체에게는 철학 학설이 아니라 스스로 생각하고 스스로 서기 위해 철학하는 정신이 중요하다.

니체는 쇼펜하우어를 두고 자신보다 더 신뢰하기에 곧장 복종할 수 있는 진정한 교육자로 본다. 니체는 직접 만나지 않고 쇼펜하우어의 저서를 탐독함으로써 배움을 얻었다. 쇼펜하우어를 보자마자 그에게 발이나 날개가 돋아난 것이었다. 그럼에도 그는 쇼펜하우어의 단순한 독자이기를 넘어서서 그를 삶의 어떤 이상으로 삼고 자신의 젊은 시절을 맹렬히 단련해간다. 이로써 쇼펜하우어는 니체에게 자랑스럽게 생각할 만한 선생으로 숭배되었다. 그러나 얼마 지나지 않아 니체는 그의 사상의 한계를 간파하고 부정적인 태도를 가지게 되었다. 이후 그는 사상가로서보다는 교육자로서의 쇼펜하우어에 더 많은 관심을 가졌다.

니체에게 사상보다 더 중요한 것은 자유로워지는 것, 온전히 자기 자신으로 살겠다는 삶의 태도였다. 그는 자신이 위대해지는 것을 방해하는 것에 맞서 싸운다. 그는 자기 밖의 인위적인 기준이 아닌 '자기 고유의 척도와 법칙에 따라' 살면서 그 자신이 '현존재의 진정한 키잡이'가 되기를 촉구한다. "너 스스로가 되어라! 네가 지금 행하고 생각하고 원하는 것은 모두 네가 아니다!" 누구도 너에게 삶의 강을 건너게 해줄 다리를 세워주지 않는다. 오직 너 혼자만 그렇게 할 수 있다. 개인은 다른 것으로 대체될 수 없는 유일성 자체이기에 세상에는 그 누구도 아닌 오직 그만이 걸어 갈 수 있는 길이 있다. 니체가 볼 때 쇼펜하우어는 시류에 휩쓸리는 삶을 그치고 진실된 자신으로 살았던 범례였고, 따라서 삶으로 모범을 보인 쇼펜하우어의 가르침이야말로 젊은 그가 진정 믿고 따를 수 있는 좌표가 되었다.

니체가 동경했던 철학적 교육자 쇼펜하우어는 그에게 자랑스럽게 생각해야 할 선생이며 엄한 규율 감독자이다. 쇼펜하우어의 법칙은 '아무도 속이지 말라, 너 자신도'였다. 그는 허세를 부리지 않기에 그에게서 은도금한 사이비 프랑스풍을 찾아볼 수 없다. 그는 심오한 의미가 있는 것을 단순하게, 감동적인 것을 수사학 없이, 엄정하게 학문적인 것을 현학적이지 않게 말하는 법을 알고 있다. 니체는 그에게서 천재의 거부하는 위엄이 아니라 고통받는 사람, 고통의 동지를 본다. 세상에 정직한 작가는 거의 없기에 작가는 모두 불신의 대상인데 정직성에서 쇼펜하우어에 견줄 만한 작가는 몽테뉴 정도밖에 없다. 두 사람의 공통점으로 니체는 사람을 기분 좋게 만드는 명랑함을 든다. 진정한 사상가는 진심을 말하든 유머 있게 말하든, 인간적 통찰을 표현하든 신적인 관용을 표현하든, 항상 흥겹게 하고 생기를 북돋워준다. 쇼펜하우어는 자신을 위해 쓰기에 명랑하며, 더없이 힘든 일을 사유를 통해 이겨내기에 명랑하며, 그럴 수밖에 없으니 변함이 없다. 그는 어떤 경우에도 자신의 길을 발견한다.

칸트는 대학을 고집했고, 프로이센 정부에 복종했으며, 위선적인 종교에 머물렀고, 동료와 학생들 사이에서 버텨냈다. 반면에 쇼펜하우어는 학자 계급과 관계하지 않고 따로 떨어져 국가와 사회로부터 독립을 추구한 점이 모범적이다. 바그너도 그렇듯이 진정한 천재가 자기 안의 보다 높은 질서와 진리를 밖으로 드러내려면 기존의 형식이며 질서와 적대 관계에 빠지는 것을 두려워해서는 안 된다. 평범한 것에 매여 있는 사회에서 이질적인 비범한 인물은 먼저 기가 꺾이고 우울해지고 병들어 마침내 죽기 십상이다. 횔덜린, 클라이스트 등의 인물은 자신의 비범함 때문에 미치거나 죽고 말았고 베토벤, 괴테, 쇼펜하우어와 바그너 같은 강철 같은 천성을 지닌 인물들만이 견뎌낼 수 있었다. 그러나 그들에게도 삶의 투쟁으로 극심한 피로와 긴장의 영향이 얼굴 주름에서 드러난다. 개에게서만 위로받는 완전한 은둔자인 쇼펜하우어는 마음이 맞는 친구가 한 명도 없었다. 한 명이 있다는 것과 한 명도 없다는 것 사이에는, 유와 무 사이가 그렇듯이, 무한의 간격이 놓여 있다. 전제정치가 지배하는 곳에서 고독한 철학자는 증오의 대상이다. 철학은 전제정치가 침입할 수 없는 피난처, 내면의 동경, 가슴의 미로를 열어주기 때문이다. 허식을 죽음보다 미워하는 고독한 사람은 진리와 정직성만을 추구하는 정신적으로 자유로운 사람이다. 그러한 사실이 독재자를 격분시킨다. 고독한 사람에게도 이해와 사랑이 필요한데 클라이스트는 사랑을 받지 못해 파멸했다.

니체가 볼 때 쇼펜하우어의 시대, 그리고 어머니와의 불화는 진정 자유로워지기 위한, 즉 온전히 자기 자신이 되기 위한 투쟁이다. 니체는 대중의 찬사를 받았던 쇼펜하우어의 어머니 요한나를 시대의 요구에 영합해 살기를 강요하는 속물주의의 온갖 속임수로 간주한다. 진실성을 추구하는 자는 자신 안에 깃든 이 '가짜 엄마'를 극복함으로써 자신의 본질을 정화하고 치유했으며, 진정한 자유와 위대함을 회복할 수 있었다. 쇼펜하우어는 교양 속물이 지배하는 가짜 문화에 대항할 수 있는 진정한 문화의 모범으로 높이 받들여진다. 교육적 이상으로서의 쇼펜하우어적 유형의 첫 번째 특징은 진실성을 추구하는 데 있으며 이 노력은 정직함과 반시대성으로 나타난다. 문화 속물들에게는 현세의 이익에 영합함으로써 반시대적 도전으로 새로운 시대를 열어가는 위대함이 없다.

　니체의 배움은 참된 인간이자 비극적 인간인 쇼펜하우어 유형의 인간 이상을 통해 정직성과 반시대성, 비극적 명랑성을 함양하는 자기 도야 과정이다. 천재-되기를 실천하는 위대한 인간들은 자신을 넘어서는 과정에서 현존 문화를 파괴하고 새로운 문화를 창조하는 파격적 성격을 지닌다. 니체에게 중요한 것은 창조적 삶에 유용한가, 창조적이며 생성으로 넘치는 삶을 살게 하는가이다. 그럼으로써 니체는 '학문을 위한 삶'이 아닌 '삶을 위한 학문'을 촉구한다. 니체는 학문을 문화의 '적'으로 언급하면서 학문에 헌신하는 '이론적 인간'을 삶의 진정한 명랑성을 깨치지 못하고 진리에 대한 망상과 낙천주의적 명랑성에 도취된 나약한 인간으로 본다. 이러한 교육에서는 통찰에서 삶으로, 인식에서 실천으로, 학문에서 예술로의 길은 잊히고, 지식의 탐식과 인식을 자랑하는 사람들만 넘쳐난다는 것이다. 니체는 이론적 인간의 전형을 '소크라테스적 인간'으로 유형화한다. 니체는 이성의 역사에서 철학의 기원으로 인식되는 소크라테스를 그리스 문화를 해체한 장본인으로 본다.

　니체는 근대가 정립한 세 가지 인간 유형을 든다. 루소적 인간, 괴테적 인간, 그리고 쇼펜하우어적 인간이 그것이다.

루소의 인간상은 가장 커다란 불을 지녔고, 가장 대중적인 영향을 미쳤다. 이 인간상으로부터 힘이 분출되어 격렬한 혁명을 재촉했고 여전히 재촉하고 있다. 괴테의 인간상은 높은 품격을 지닌 정관적 천성을 지닌 사람들을 위한 것이며, 대중의 오해를 받는다. 이 인간상은 루소의 인간이 내던진 위험한 흥분을 교정하고 진정시키는 자다. 쇼펜하우어의 인간상은 가장 활동적인 사람을 관찰자로 요구한다. 쇼펜하우어적 인간은 진실성의 고통을 스스로 지는 자다. 이 고통은 그가 자기 의지를 죽이고 자기 본질의 완전한 변혁과 전도를 준비하도록 도와준다. 그 길로 나아가는 것이 삶의 진정한 의미다. 쇼펜하우어는 삶에 고통당하면서도 언제나 그 자신으로 머무르고자 한다. 이는 무시무시한 결심이다. 그럼으로써 그 자신이 그가 바치는 첫 제물이 되기 때문이다. 니체는 쇼펜하우어라는 철학적 천재가 외부의 해로운 반대 작용에도 불구하고 나타날 수 있는 몇 가지 조건을 든다. 그것은 쇼펜하우어의 자유로운 성격, 많은 여행으로 일찍 습득한 인간 지식, 학자 교육을 받지 않고 애국적인 구속이 없으며, 생계 압박이 없고 국가와의 관계가 없다는 점이다.

제4편 '바이로이트의 리하르트 바그너'에서는 니체와 쇼

펜하우어, 바그너의 관계가 다루어진다. 니체가 '반시대적 고찰'이란 개념을 사용한 것은 바그너에 대해서였고 동명의 책을 집필한 직접적인 계기를 마련해준 것도 바그너의 '바이로이트'였다. 니체는 1868년 11월 8일 바그너와의 만남을 감격해서 전한다. 둘은 음악의 본질을 인식한 유일한 철학자 쇼펜하우어에 관해 긴 대화를 나눈다. 니체는 쇼펜하우어가 천재라고 부르는 자의 상을 바그너에게서 발견한다. 니체는 어느 누구도 바그너를 제대로 알지 못하며, 그를 평가할 수 없다고 말한다. 니체는 청년다운 순진함으로 바그너의 내면에 쇼펜하우어의 천재와 그리스 비극 정신이 구현되어 있음을 직시했다.

니체는 바그너가 사는 트립셴의 집을 뻔질나게 방문하며 깊은 교제를 했지만 이미 1873년 초에 둘 사이에 미묘한 균열의 조짐이 보인다. 바그너는 니체가 연초에 오지 않은 것에 감정이 상했다. 니체는 그 말을 듣고 감정이 격앙된다. 바그너에게 그토록 충실하게 헌신했음에도 불신과 침묵이 초래된 것에 절망한다. 바그너의 충실한 제자로서 충성을 다하겠다는 기분은 바뀌지 않았지만 일단 생긴 균열은 점점 커졌고, 니체는 바그너로부터 점점 멀어져갔다. 1874년 여름부터 1876년에 걸쳐 자주 바그너의 초대를 받았으나

그것을 번번이 회피한다. 니체는 『반시대적 고찰』의 시기만
해도 바그너를 신의 죽음의 체현자, 그리고 역사의 극복자
로 보지만, 이어지는 저서 『인간적인 너무나 인간적인』의
시기에는 교양 속물로 깎아내린다. 『바이로이트의 리하르
트 바그너』가 1876년 7월 초 출간되었을 때 바그너 그룹에
속한 사람들은 대부분 환호했지만, 정작 니체 자신은 이미
바그너 비판자로 돌아서고 있었다. 니체는 문화를 창조하
는 청춘, 스스로 생각하고 스스로 서기 위해 철학을 구하는
청년에게 바쳐진 『반시대적 고찰』을 경계로 해서 이후 실증
주의의 방향을 취한다.

3) 『인간적인 너무나 인간적인』
볼테르* 사망 백 주년을 기념하기 위해 쓴 책으로 볼테르

---

* 볼테르의 책을 접한 것이 니체에게 쇼펜하우어의 염세주의에서 벗어날 수 있
는 계기가 되었다. 『캉디드』의 주인공 캉디드는 삶의 고통에 몸부림치면서
'낙천적인 태도'를 '현실적인 태도'로 승화시키는데, 이 책을 통해 니체 철학
에서의 '긍정'이 어떤 것을 말하는 것인지 힌트를 얻을 수 있다. 물론 『캉디
드』를 지은 볼테르의 의도는 라이프니츠의 낙천주의를 비판하기 위한 것이
지만, 니체는 『캉디드』를 그런 식으로 읽지 않았다. 오히려 고통스러운 운명에
당당히 맞서는 주인공 캉디드는 이제 '미래'를 위한 낙천주의자가 아니라 '현
재'를 위한 낙천주의자가 되었다는 소설로 보았다.

에게 헌정되었다. 니체의 중기 사상을 대표하는 철학적 에세이 모음집으로 니체 스스로 자신의 철학에서의 '위기의 기념비'라고 언급한 저작이다. 니체의 책이 대부분 그렇듯 논리적으로 탄탄한 체계를 가지고 전개되는 것이 아니라 비약과 상징으로 이루어진 글이다. 니체는 계몽주의자 리히텐베르크, 쇼펜하우어의 에세이집, 라로슈푸코의 영향이 엿보이는 잠언 스타일인 이 글에서 일상적인 삶에 대한 날카로운 통찰력을 보여준다. 이 책은 전반부에서 형이상학, 도덕, 종교, 예술가에 대한 비판적인 철학적 논의에 이어, 후반부에서는 교제의 문제, 여성과 어린아이, 그리고 국가의 문제를 간결한 문장 형식 속에서 언급하고 있다. 이러한 단편적인 표현 양식은 이전의 저작과 가장 뚜렷하게 구분되는 특징이다.

1878년에 쓴 『인간적인 너무나 인간적인』이 제1권으로 구성되어 있고, 1879년에 쓴 「여러 가지 의견과 잠언들」과 1880년에 쓴 「방랑자와 그 그림자」를 합쳐서 제2권으로 구성되어 있다. 니체 자신의 회고에 따르면 이 글은 바그너의 첫 바이로이트 축제극이 있었던 1876년 여름에 처음 쓰이기 시작했다. 1876년 7월 24일 개막 축제극에 참석하기 위해 바이로이트에 갔던 니체는 바그너의 음악과 바이로이트의 분위기에 크게 실망한 채 8월 6일 그곳에서 도망치듯 빠져나왔다.

니체는 이때 건강이 갑자기 악화해 구토를 동반한 심한 두통에 시달린 데다가 바그너와의 소원한 관계, 정신적인 고독, 새로운 철학을 위한 진통 등으로 고통받고 있었다. 그러나 니체는 가장 아프고 고통스러운 시절에 그 어느 때보다 더 큰 행복을 느낀다. 자기로의 귀환이 그에게는 최상의 행복 그 자체였다. 이때 제자이자 조수 쾨젤리츠*의 도움을 받아 1876년 9월부터 '쟁기날'이라는 제목 아래 수첩에 한 문장씩 써 내려가기 시작했다. 한 달 뒤 10월 1일에는 파울레와 함께 소렌토로 여행을 떠나 그곳에 머물고 있던 바그너를 만나기도 하면서 구상하고 있던 책을 거의 완성했으며, 니체는 이 책을 『반시대적 고찰』의 5부 '자유정신'이라는 제목으로 출판할 계획까지 세웠다.

---

* 하인리히 쾨젤리츠(Heinrich Köselitz, 1954~1918): 작곡가 겸 저술가. 1875년 바젤 대학에서 부르크하르트와 니체의 강의를 들었다. 니체의 첫 작품 『비극의 탄생』을 읽고 감동한 그는 니체의 저술을 도왔다. 쾨젤리츠는 이후 니체의 충실한 조력자가 되어 니체가 죽을 때까지 그의 말을 받아쓰고, 악필인 니체의 메모를 깨끗한 글씨로 옮기는 작업을 한다. 쾨젤리츠는 나중에 페터 가스트로 이름을 바꾸었다.

그러나 1878년 이 원고를 『인간적인 너무나 인간적인: 자유정신을 위한 책』이라는 제목으로 바꿔 출간한다. 자유정신이란 스스로 자기 자신을 다시 소유하는 자유롭게 된 정신을 말한다. 니체는 심한 두통과 시력 악화로 긴 글을 쓸 수 없어서 볼테르처럼 촌철살인의 경구를 쓰기 시작했는데, 그 덕분에 짧은 글의 단점이 장점으로 승화되었다. 볼테르의 자유롭고 해방된 정신을 통해 니체는 비로소 쇼펜하우어와 바그너의 압도적인 영향력에서 벗어날 수 있게 되었다. 이로써 니체는 비로소 독창적인 문장가이자 진정한 사상가로 탄생할 수 있었지만, 이는 『비극의 탄생』을 통해 얻은 몇 안 되는 충실한 지지자들마저도 잃는 결과를 낳기도 했다. 니체는 이 책이 출간되던 5월 30일, 파리에 사는 익명의 인물로부터 볼테르의 흉상 하나를 선물받는다. 그 흉상에는 "볼테르의 영혼이 프리드리히 니체 씨에게 축하드립니다."라고 새겨져 있었기 때문에, 니체는 이 선물에 크게 감동한 것으로 보인다.

뒤이어 니체는 1879년에 6개월 동안 쓴 408개의 잠언을 『인간적인 너무나 인간적인: 자유정신을 위한 책, 부록. 여러 가지 의견과 잠언들』이라는 제목으로 출간했고, 6월 14일에 건강상의 이유로 바젤 대학 교수직에서 물러난 뒤 그해 여름을 스위스의 성 모리츠에서 고독하게 보낸다. 니체는 이 시기를 자신의 생애에서 가장 어두운 겨울이었다고 회고한다. 그 후 니체가 그때까지 집필했던 책들의 서문을 새로 작성하는 작업을 할 때, 따로 간행되었던 두 개의 글을 한 권으로 합쳐 1886년 10월에 『인간적인 너무나 인간적인 II』로 다시 출간하면서 이 책은 1, 2권으로 구성되었다.

니체는 이 저작을 통하여 형이상학과 종교 대신 학문을, 믿음과 신앙 대신 회의적 지혜를, 바그너 같은 낭만주의적 예술가 대신 볼테르 같은 냉정한 실증주의적 계몽가의 길을 보여주고자 한다. 니체는 여기서 인간과 세계에 대한 해석과 더불어 '자유정신'이라는 핵심적인 사상을 전개하고 있다. 이 저작은 전통 형이상학과 쇼펜하우어 철학의 부정, 바그너와 그의 음악과의 결별, 자유정신의 세 가지 입장을 통해 니체 사상의 전체 흐름에서 독특한 위상을 지닌다.

니체에게 이 세상은 오류투성이다. 절대적인 진리와 영원한 진실 따위는 없으며 인간은 잘못된 믿음에 의해 기독교 신앙에서 구원을 갈구한다. 선악의 절대적인 기준은 없으며 시대에 따라 변하고 장소에 따라서도 다르다. 예술은 현실의 모습을 가리는 베일에 불과하며, 미가 행복과 결부되어 있지 않다. 니체는 이 저작에서 자유정신에 눈을 뜰 것을 촉구한다. 니체의 인간 정신의 발전을 나타내는 유명한 도식으로 낙타-사자-아이에서 낙타는 삶의 무거운 짐을 진 정신을 말한다. 사자가 여기서 말하는 자유정신에 해당한 다. 그것은 이제까지의 모든 전통적·관습적인 세계상을 버 리고 그 짐에서 벗어나고자 하는 새로운 시대정신을 가리 킨다. 전통적인 모든 가치를 회의하나 아직 새로운 삶의 목 표를 내세우지는 못했다. 이처럼 니체는 기존의 가치와 진 리를 거부하며, 특히 관념론을 크게 비판한다.

니체는 어떤 것에도 구애되지 않는 방랑자로서 스스로의 그림자만을 벗 삼아 자신과의 자유로운 대화를 이어간다. 그럼으로써 그는 기존의 권위와 편견 속에 도사린 저열한 인간적 욕망을 부정하고 그것으로부터의 해방을 추구하여 마침내 자유정신에 도달한다. 그 어떤 체계와 규율에도 얽 매이지 않는 지극히 자유로운 정신, 관습적인 것에서 해방 된 정신, 수많은 대립적인 사유 방식에 이르는 길을 허용한 성숙한 정신이 바로 니체가 말하는 자유정신이다. 니체가 도달한 이러한 사상은 보통 사람에게는 고철 한 조각에 불 과하나 그에게는 숨겨진 보고를 여는 열쇠이다.

4) 『아침놀』

『아침놀』(1881)에는 '도덕적 편견에 대한 사상'이라는 부제에서 보듯이 서양의 도덕에 대한 분석과 비판이 행해진다. 이 제목은 "아직 빛을 발하지 않은 많은 아침놀이 있다."라는 표현이 들어 있는 리그베다와 연결된다. 이 책으로 도덕에 대한 니체의 전투가 시작된다. 1886년에 쓴 서문이 들어간 신판은 그 이듬해에 발간된다. 『아침놀』의 니체는 계몽주의자의 모습을 띠고 있다. 물론 니체는 전통적인 계몽주의자와는 달리 인간이 이성보다 본능적 충동이나 욕망에 지배된다는 사실을 잘 알고 있다. 그렇지만 니체는 이성이 맹목적인 충동과 욕망에 휘둘리지 않는 것을 목표로 삼는다.

서문에서 도덕에 대한 니체의 위험한 전투가 시작된다. 그는 모든 가치의 전도를 시도하면서도 그런 부정이 어떻게 긍정의 정신 아래 시도될 수 있는지를 보여준다. 그가 작업을 위해 내려간 곳은 지하의 어둡고 무시무시한 충동과 욕망이 있는 곳이다. 그는 부드러우면서도 두더지처럼 가차 없이 아래로 파고든다. "이 책에서 사람들은 '지하에서 작업하는 한 사람'을 보게 될 것이다. 그는 뚫고 들어가고, 파내며, 밑을 파고들어 뒤집어엎는 사람이다."

이 책에서 니체는 철학자들이 수천 년 동안 신봉해온 낡은 신념을 조사하고 파고들어 도덕에 대한 신뢰를 파괴하기 시작했다. 칸트를 비롯한 모든 철학자가 도덕의 유혹에 사로잡힌 상태에서 자신들의 철학 체계를 세웠다는 것이다. 니체가 볼 때 형이상학의 한계와 범위를 정하고 이성의 월권적 사용을 막은 칸트는 이성 비판 철학자를 연기할 뿐 실상은 도덕과 신앙의 수호자 역할을 하는 사람이었다. 니체는 감각이 세계의 실재를 보여준다는 순진한 믿음을 갖지 않았고, 그렇다고 감각 너머에 참된 세계가 실재한다는 사고도 수용하지 않았다.

『아침놀』은 이러한 존엄한 도덕적 건축물에 대한 심층 탐사 보고서이다. 이제 니체에게서 부정이 아닌 긍정의 정신이 확고히 자리 잡는다. 그는 철학적 광부로서 오랫동안 빛과 공기를 맛보지 못하면서도 한마디 고통도 호소하지 않는다. 그는 고통을 비참함으로 느끼지 않고 오히려 안락함의 추구를 종말로 느낀다. 우리 자신을 되찾기 위해 내면의 깊숙한 곳으로 파고드는 것은 매우 고통스럽고 위험하지만 불가피한 일이다. 까딱하다간 길을 잃거나 심한 내상을 입을 수도 있다. 니체는 서문 말미에 완벽한 독자와 문헌학자만을 원한다면서 자신을 '잘 읽는 법을 배우라'고 주문한다.

니체는 1875년 겨울부터 건강이 나빠지기 시작해, 1879년에는 넉 달간 극심한 고통으로 아무 일도 할 수 없었고, 그해 12월 24일에는 갑자기 쓰러져 의식을 완전히 잃기도 했다. 『아침놀』을 쓰던 1880년 니체는 발작을 일으켜 3일 밤낮 구토를 하며 고통에 시달리기도 했다. 1881년 7월과 9월에는 거의 벼랑에 가까워진 기분을 느낀다. 그러나 자기 자신만의 길을 걷는 그는 고통의 깊이가 깊을수록 생각도 깊어졌고, 이전에 경험해보지 못한 새로운 생각이 떠올랐으며, 극도의 고통 속에서도 명철함을 잃지 않고 명랑한 기분으로 글을 쓴다. 어쩌면 고통이 그에게 오히려 명석함을 제공해줬는지도 모른다. 병이 그를 해방시켰고, 그 자신이 될 용기를 주었다. 그는 『이 사람을 보라』에서 이렇게 말한다. "내 생명력이 최저치에 있던 해에 나는 염세주의자이기를 그만두었다. 나의 재건 본능이 낙담과 비참의 철학을 금지해버린 것이다." 그런 니체도 자신의 책들에 반응이 없는 것에는 힘들어했고, 열렬한 공감과 대중의 환호를 받고 싶어 했으며, 자신을 따르는 추종자와 제자를 얻고 싶어 했다.

대신 그는 자신이 아니라 세계를 경멸하는 것으로 나아간다. 즉 시대를 지배하는 가치와 세상 사람들이 의지하고 있는 도덕에 대한 근본 믿음을 경멸한다. 그는 삶 위에 올라가 괴로움과 그것의 밑바닥을 내려다보는 오만함을 통해 염세주의에 필사적으로 저항한다. 그러나 건강을 회복했을 때는 오만방자함을 버리고 세상 속으로 들어가 새로운 통찰을 얻는다. 고통 속에서 새로운 인식을 얻을 것을 주장하는 니체는 영혼의 의사들인 사제들을 비판한다. 그들은 위로나 마취를 통해 고통 자체를 없는 것처럼 만들기 때문이다. 이처럼 니체는 아플 때도 건강할 때도 관점주의를 채택해 삶에 유익한 행동을 하며 건강한 태도를 유지한다. 이것이 소위 그가 말하는 위대한 건강이다. 니체는 긍정의 정신을 발휘하여 비관주의자 쇼펜하우어에게서도 어떤 덕성을 찾아내 유익하게 활용한다. 그러나 1889년 초 정신이상이 되고부터는 이러한 관점을 더 이상 지닐 수 없었다. 생물학적 죽음 이전에 작가이자 철학자로서 먼저 철학적인 죽음을 맞이한 것이다. 니체는 미치기 이전에 자신의 광기를 예감한 듯 도덕의 역사에서 광기가 가졌던 중요성에 대해 말한다. 광기는 풍습과 미신의 속박을 부수면서 거의 모든 곳에서 새로운 사상에 길을 열어준다는 것이다.

'힘에의 의지'라는 개념이 나오기 전에 이미 『아침놀』에 '힘의 감정'이라는 말이 나온다. "행복의 으뜸가는 효과는 힘의 감정이다. 힘은 자신을 표출하려고 한다. 우리 자신에 대한 것이든 다른 사람들에 대한 것이든, 또는 상상에 대해서든 우쭐거리는 존재에 대해서든. 자신을 표출하는 가장 일반적인 방법은 선물, 조롱, 파괴이다. 이 세 가지는 모두 하나의 공통된 근본적 충동을 지니고 있다." 행복이 가져다 주는 첫 번째 효과가 힘의 감정이다. 그것은 힘에 대한 감각이자 평가로 힘을 받을 때나 행사할 때 느끼는 감정이다. 그 감정은 인간의 가장 강력한 성향이며 사람을 앞으로 몰아대는 가장 강력한 힘이다. 그리스인들은 유익함이나 좋은 평판보다 힘의 감정을 더 높이 평가했다. 어쩌면 신도 힘의 감정을 즐긴 것일지도 모른다. 세상을 이렇게 끔찍하게 만들어놓고, 괴로워하는 인간들을 창조하고 가책을 느끼면서 자신을 수난에 빠뜨림으로써 말이다.

기독교는 죄인에 대한 형벌로서 영원한 죽음에 대해 말하기 시작한다. 한편 에피쿠로스와 루크레티우스는 지옥의 형벌이라는 생각을 물리치기 위해 노력한다. 원한과 복수심을 구세주와 결합한 바울은 영생의 길을 이야기했으나 구원받지 못한 자들은 부활하지 않는다고 말했다. 심지어 그는 영원한 저주의 개념을 도입하여 죄인은 죽어서도 영원한 벌을 받는다고까지 했다. 반면에 루터는 내면으로 어두운 광맥을 파고 들어가 성서에는 교황도 면죄부도 없다고 정직하게 말한다. 그는 고행으로 성자가 되는 길을 진지하게 모색했으나 그러한 관조적 삶을 계속하다가는 육체에 대한 경멸과 정신화로 인해 자신의 타고난 활동적 영혼과 육체가 파괴될 것임을 깨달았다.

사실 바울은 무엇이 복음인지 알았다. 기쁜 소식은 죄의 개념 자체가 없어진 것, 신과 인간 사이의 간격 일체가 부정된 것이었다. 바울은 누구나 예수처럼 신의 아들이 될 수 있음을 알았으나 어느덧 예수를 특권화하여 신자와 예수와의 간격을 벌렸다. 이런 점에서 바울은 니체의 비난을 받는다. 그는 부활의 교리를 가져와 부활을 보상으로 가르치기까지 했다. 그리하여 예수처럼 행동하고 살아가는 것보다 단순히 예수를 믿는 것, 즉 그의 죽음과 부활, 심판을 믿는 것이 중요해졌다. 이처럼 바울은 기독교를 박해하는 괴물과 싸우다가 괴물을 닮게 된 것이다.

자아의 깨달음이 과연 행동에 영향을 줄까? 니체는 소크라테스 이래로 지행합일, 즉 '올바른 인식은 필시 올바른 행동을 낳는다'는 생각을 치명적 오류이자 편견이라고 말한다. 지금껏 인식에서 행동에 이르는 다리가 놓인 적이 없기 때문이다. 니체는 그리스 비극이 몰락한 이유를 '미덕이 지식이고, 모든 죄는 무지에서 비롯되며, 행복한 사람은 유덕

한 사람'이라는 소크라테스의 격언 탓으로 돌린다. 이성이 미덕이고 미덕이 행복이라는 소크라테스의 등식은 고대 그리스인의 본능에 반한다는 것이다. 또한 우리의 감각기관은 한정된 능력을 지니므로 우리는 그 한계 내에서 세계를 측정하면서 판단한다. 그런데 이러한 불리한 조건에도 불구하고 인식은 자신의 경험 이상으로 많은 것을 상상하고 위조한다. 그는 꿈을 현실에서 억눌렸던 충동들이 터져 나오는 것으로 파악한다. 그런 점에서 니체는 프로이트의 꿈 이론을 선취하고 있다. 충동들은 우리가 일상에서 매일 겪는 체험을 먹이로 삼아 자란다. 어떻게 보면 꿈은 우리의 자의적인 창작인 것이다.

우리는 보통 인간에게 자유의지가 있다고 생각하지만 니체는 스피노자처럼 이를 비판한다. 그렇다고 자연과학자의 기계적 인과율, 즉 부자유의지를 받아들이지도 않는다. 스피노자는 정신을 통해 정서나 충동을 지배할 수 없다고 말한다. 낙하하는 돌멩이에 자유의지가 없듯이 젖먹이가 자유의지로 젖을 욕구하는 것이 아니라는 것이다. 니체는 자유의지론에 입각해 책임 추궁을 하려거든 차라리 꿈을 단죄하라고 말한다. 사람들은 실존 자체를 형벌로 느끼기도 한다. 아버지를 죽이고 근친상간의 죄를 범한 오이디푸스는 자신에게 아무런 죄가 없음을 분명히 하면서 자신이 죄를 저질렀다기보다는 어쩔 수 없이 당했을 뿐이라고 항변한다. 자신의 자유의지를 부정한 것이다. 니체는 자유의지론이 인간의 자존심과 힘의 감정에서 비롯했다고 본다. 그는 인간을 자유의지를 갖는 주체라고 보는 순진한 낙관론을 부정하면서 형벌 폐지를 주장한다. 그는 인간의 범죄 행위가 이성적인 주체로서가 아니라 자신이 의식하지 못하는 과거의 정신적인 상처나 통제하지 못하는 충동 또는 욕망 때문에 벌어진다고 본다. 따라서 그에 의하면 중요한 것은 범죄자 처벌이 아니라 치유하는 것이며 이들이 정신적으로나 육체적으로 건강한 삶을 살도록 돕는 일이다. 또한 그는 '사람은 그가 먹는 것으로 이루어진다'는 포이어바흐의 말대로, 인간의 정신이 음식물의 영향을 많이 받으므로 육체적 건강뿐 아니라 정신적 건강을 위해 음식 섭취를 중요하게 생각한다.

니체는 알다시피 동정을 부정적으로 평가한다. 그는 가장 큰 위험은 값싼 동정, 일종의 세련된 경멸인 동정에 있다고 말한다. 동정은 동정 대상의 포기된 삶을 영속화하면서 예속을 더욱 심화시키기 때문이다. 병을 돌봄으로써 환자 스스로의 힘으로 병에서 헤어나지 못하게 병을 깊게 하는 셈이다. 또한 우리는 불행을 겪는 사람들에 대해 일일이 동정할 수 없다. 그것은 우리 자신에 대한 가혹함이자 감정 학대다. 동정이라는 행위로 우리는 우리 자신이 받는 고통을 제거하려고 한다. 연약한 본성 때문에 인간은 겁많은 피조물이다. 그런 인간에게 공포심은 공감을 가르치는 선생이며, 타인의 감정을 재빨리 이해하는 것을 가르치는 선생이다. 그러니까 이웃에 대한 동정의 밑바닥에는 이웃에 대한 공포가 숨어 있을지도 모른다.

니체는 우리가 내리는 도덕적 판단의 근거가 없다고 말한다. 그러나 도덕적 행위의 근거 없음 내지는 오류를 지적했다 해서 니체가 부도덕한 행동을 촉구하는 것은 아니다. 그는 우리에게 다른 감각, 다른 가치 평가를 바라는 것이다. 비윤리적인 행위는 피하고 윤리적인 행위를 행해야 하지만 두 가지 모두 지금까지와는 다른 근거에 의해 행해져야 한다. 그는 네 가지 미덕에 대해 말한다. 친구에 대한 성실성, 적에 대한 용기, 패자에 대한 관용, 공손함이 그것들이다.

위대한 풍경 화가가 소박한 것에서 중요한 것을 표현하듯, 위대한 사상가는 소박한 것에서 중요한 것을 발견한다. 위대한 사상은 어떻게 우리를 찾아오는가? 그것은 '비둘기의 걸음'으로 우리가 알지 못하는 사이에, 꾸준한 기다림의 실천 속에서 조용히 찾아든다. 우리가 할 수 있는 최선은 "우리 자신이 주인이 되어 작은 실험 국가들을 건설하는 것이다."

5) 『차라투스트라는 이렇게 말했다』에서 초인(위버멘쉬)은 누구인가?

차라투스트라라는 이름은 1882년에 출간된 『즐거운 지식』에서 처음 등장한다. 그는 서른 살이 되었을 때 고향을 떠나 산으로 들어간 뒤 10년간 지루함을 모르고 자신의 정신과 고독을 즐긴다. 차라투스트라가 30세에서 40세까지 10년 동안 산에서 혼자 지내는 모습은 니체가 바젤을 떠나 10년간 독립적으로 사색하며 보냈던 시간을 의미하는지도 모른다. 19세기의 물질주의의 맥락 안에서 도덕적 삶의 평가절하와 절망, 허무주의도 차라투스트라, 즉 니체의 입을 통해 표현된다. 『차라투스트라는 이렇게 말했다』의 첫 부분은 『즐거운 지식』이 끝나는 지점을 정확히 이어받는다.

『차라투스트라는 이렇게 말했다』는 니체의 가장 유명한 저서로 '모두를 위한 책이면서 그 누구도 위한 것이 아닌 책'이라는 부제를 달고 있다. 이 책은 플라톤의 대화편이나 신약성서를 참조한 많은 패러디를 담고 있다. 근본적으로 새로운 방식으로 인간의 삶에 다가갈 것을 제안하고 있다는 점에서 차라투스트라는 소크라테스나 그리스도에 가깝다. 니체가 사도 바울은 싫어했지만 예수 그리스도는 존경한 것은 사실이다. 니체는 또한 종교적 삶을 추구한 몇몇 기독교인에게 개별적인 존경을 표하기도 했다. 차라투스트라는 기원전 6세기 고대 페르시아에서 생겨난 태양 숭배 종교인 조로아스터교 교조의 이름을 딴 것이다. 『즐거운 지식』의 마지막 부분에 이미 차라투스트라가 언급되고 있다. 역사적 예언가처럼 니체의 차라투스트라는 어떤 전언을 지닌 현인이다. 그런데 선과 악, 신과 악마라는 이원론을 주창한 조로아스터와는 달리 차라투스트라는 일원론의 주창자이다.

1883년 2월 3일부터 13일까지 니체는 『차라투스트라는 이렇게 말했다』 제1부를 집필했는데, 이렇게 독창적이고 천재적인 작품이 단숨에 쓰여지던 신성한 시각에 바그너가 베네치아에서 사망했다. 아이러니컬하게도 그가 한때 숭배하던 스승이 사망한 날 그의 초인, 즉 '위버멘쉬Übermensch'가 탄생한 것이다. 천재 숭배의 시기, 부정의 시기에 이어 니체 만년의 가장 창조적인 시기가 이렇게 시작된다. 니체는 바그너가 자신의 담당 의사와 불쾌한 내용의 편지를 교환한 사실을 알고 있었다. 그는 바그너를 사악한 사람이라고 칭한다. 그는 바그너가 자신의 독특한 사고를 비정상적인 행위, 즉 남색을 무절제하게 한 결과라고 본 것에 격분한다. 루와 레에 이어 바그너까지 자신을 악의적으로 배반하자 니체는 모욕감에 치를 떤다. 당시 그는 밤만 되면 오한과 고열에 시달렸고 만성피로 때문에 식욕도 없었다. 그는 심신의 고질병을 날씨와 지형 탓이나 에트나 화산 탓으로 돌리면서 자신의 마음을 달랜다.

우리가 흔히 '초인'이라 칭하는 '위버멘쉬'는 누구일까? 초인이란 번역어에는 오해의 소지가 있을 수가 있다. 신의 자리를 대신할 절대적이고 초월적인 인격을 의미하거나 슈퍼맨을 의미할 수도 있기 때문이다. 초인이란 가치의 기준을 외부가 아닌 자신에게서 구하고 매 순간 자신의 삶을 부단히 극복하고 한계를 뛰어넘기 위해 노력하는 인간 유형으로 볼 수 있다. 그 점에서 파우스트적 거인과도 연결된다. 차라투스트라가 하산해 시장에 간 이유는 이 초인을 가르치기 위해서이다. 인간이 보기에 원숭이는 웃음거리이거나 고통스러운 수치이다. 그런데 초인이 보기에는 인간도 웃음거리이거나 고통스러운 수치에 불과하다.

초인의 반대 유형은 말인末人, der letzte Mensch*이다. 이들은 모든 것을 다 귀찮아하고, 모든 것은 쓸데없으며 부질없다고 하는 허무주의자들이다. 최후의 인간은 모험심이 없고,

자기비판력이 없고, 자신의 소박한 즐거움과 만족, 그리고 행복에 사로잡혀 있는 인간이다. 이들은 모든 진리와 도덕의 기준을 저 세계에 두고, 저 세계의 시각에서 이 세계를 비난하는 자들이다. 그러다가 그들은 저 세계 자체를 의심하기 시작하며, 마지막으로 가치평가 자체를 무의미하게 보고 포기하기에 이른다. 최후의 인간은 니체가 말하는 천민과도 통한다. 즉 천민이란 신분적 의미에서의 천민이 아니라 스스로 가치 창출을 못하는 인간, 즉 권력, 명예, 돈, 쾌락을 좇는 노예가 된 현대인을 말한다. 따라서 니체가 말하는 강자나 고귀한 자는 스스로 사물과 행동에 가치를 부여할 줄 아는 인간을 말하는 것이지 귀족이나 단순히 물리적인 힘이 센 자를 말하는 것이 아니다.

---

* '최후의 인간'은 '위버멘쉬'와 반대 유형의 허무주의자이다. 허무주의란 삶의 활력과 의욕을 없애는 의지이다. 최후의 인간은 모든 진리와 도덕의 기준을 저 세계에 두고, 저 세계의 시각에서 이 세계를 비난하고, 그러다가 저 세계 자체를 의심하기 시작하며, 마지막으로 가치 평가 자체를 무의미하게 보고 포기하게 된다. 이들은 야망이나 패기, 정열을 상실한 채 고통을 두려워하며 적당한 안락만을 추구하는 인간들이다.

아돌프 히틀러는 니체의 위버멘쉬 및 주인 도덕 사상을 강자의 지배 논리라며 멋대로 왜곡시켰다. 하지만 후대의 철학자들은 니체의 사상은 '강자를 넘어서려고 하는 의지'를 옹호했지, '강자'를 옹호하진 않았다는 점을 지적하면서, 니체의 사상이 강자의 지배 논리로 해석되어선 안 된다고 경고한다.

니체의 철학은 자기 극복에서 출발한다. 그에 의하면 인간은 극복되어야 하는 존재이다. 니체는 우리 안에 우리를 극복할 가능성이 존재한다고 믿는다. 니체는 천상에서 오는 구원이 아니라 인간 안에 있는 최대의 가능성을 믿고 인간의 자기 극복을 원한다. 구원은 앓고 난 후에야 가능하며, 자신의 삶을 온전히 살아낸 뒤 비상도 가능하다. 자기 자신에 대한 경외심을 지닌 고귀한 영혼은 자기 안에 자기를 극복하는 힘이 있다고 믿는다. 니체의 저서에 모순되는 말이 많은 것처럼 보이는 것은 이전의 자신을 부정하여 자꾸 자기 극복을 하기 때문이다. 초인은 니체의 핵심 사상인 자기 극복, 영원회귀, 운명애, 힘에의 의지와 서로 긴밀히 얽혀 있다. 영원회귀라 해서 똑같은 모습으로 자꾸 돌아오는 것은 아니다. 그는 조금씩 변한 같은 사람이다. 스스로 주체적인 입장에서 새로운 가치를 창조하여 같지만 조금씩 바뀐 모습으로 힘차게 자꾸 되돌아오는, 자유정신을 가진 인간이 바로 초인이다.

이와 마찬가지로 차라투스트라는 정신이 '낙타-사자-어린아이'로 변화하는 정신의 세 단계 변화에 대해 말한다. 이같은 비유는 정신의 자기 극복으로 정신이 낙타에서 사자가 되고 마지막에 아이가 되는 변화다. 아이가 되면 초인의 상태가 된다는 것이다. 마태복음에 "수고하고 무거운 짐 진 자들아, 다 내게로 오라, 내가 너희를 쉬게 하리라."라는 구절이 있다. 성서에서는 고통 속에서 번민하며 살아가는 인간을 무거운 짐을 지고 사막을 건너가는 낙타의 신세로 본다. 일찍이 사제의 지배하에 무거운 짐을 짊어진 '낙타'였던 정신은, 먼저 '신의 죽음'을 확인하고 사막의 '사자'가 된다. 사자의 정신은 '나는 해야 한다'가 아니라 '나는 하려고 한다'를 말한다. 그러나 이제까지 인간 존재에 의미와 가치를 부여해온 신의 죽음은 인간 존재의 무의미, 무가치를 의미하게 된다.

그러나 우리의 정신은 낙타에 머물러서는 안 되고 사자의 정신으로 변화해야 한다. 사자는 비판하고 투쟁하며 자유를 쟁취하고 고독을 견디며, 스스로 주인이 되려 한다. 그러나 사자에 머물러서는 안 된다. 사자처럼 으르렁거리지 않고 잘 웃는 아이가 되어야 한다. 천진한 어린아이는 도덕이 필요 없는 비도덕적인 존재이다. 사자의 힘든 싸움이 어린아이에게는 재미있는 놀이이다. 아이는 순진무구함이자 망각이고, 새로운 시작이고 저절로 굴러가는 바퀴이며 신성한 긍정이자 유희이다. 니체에 의하면 인간의 원죄는 너무 즐길 줄 몰랐다는 데에 있다. 우리가 더 잘 즐길 수 있게 되면 다른 사람에게 고통을 주거나, 고통을 줄 생각을 하는 것을 가장 잘 버릴 수 있다는 것이다.

신은 왜 죽었는가? 동정심 때문이다. "사람들의 깊은 속내와 바탕을, 은폐된 치욕과 추함을 남김없이 보고 말았으니. 호기심 많고 주제넘은 자, 동정하는 마음이 너무 깊었던 자는 죽어 마땅했다." 악마는 이렇게 말한다. "인간을 동정하는 바람에 신은 죽어버렸어." 그러나 신은 죽었으되 인간의 신앙은 사라지지 않으며, 복종의 본능이 충만한 자들에게 노예 정신이 없어지지 않는다. 차라투스트라는 신의 죽음 이후 새로운 우상이 나타났다고 말한다. 그것은 물신 숭배뿐 아니라 국가, 민족으로 모습을 드러내기도 한다. 그러니 니체가 히틀러적인 국가주의자라고 말하는 것은 어불성설이다. 그는 국가 지상주의, 인종주의에 반대한다. 차라투스트라는 민족의 죽음과 국가의 소멸을 말한다. 그에 의하면 국가란 냉혹한 괴물 중에서 가장 냉혹한 것이다.

그러면 역사적으로 볼 때 니체는 누구를 초인으로 보았을까? 니체는 카이사르, 알렉산더 대왕, 나폴레옹, 괴테에게서 그런 인물 유형을 보았다. 이들은 틀에 갇힌 기존의 인간을 넘어서는 새로운 인간형이다. 이들은 노예 도덕의 소유자가 아닌 주인 도덕의 소유자들이다. 초인은 중력의 영에

짓눌리지 않는 사람이다. 중력의 영은 우리가 새털처럼 가벼워져서 춤추고 노래하는 것을 막는다. 그것은 제도와 관습, 법규와 도덕을 말한다. 이것은 프로이트의 초자아에 해당한다.

우리는 초인의 뒤를 따르고 추종하면 될까? 그런 것으로 착각하기 쉽다. 하지만 우리 모두 초인의 모범을 따라 스스로 가치 창조의 주인이 되어 각기 나름대로 초인이 되는 것이 필요하다. 노예는 자신의 노예성을 자각하지 못하는 한 사회변혁이 일어난들 노예의 처지에서 해방되지 못한다. 그가 섬기는 주인만 바뀌는 것에 불과하기 때문이다. 니체가 민주주의에 반대하는 것은 특이성 없는 평균적 사회 체제가 노예 도덕의 소유자, 무리 인간으로 이루어져 있기 때문일지도 모른다.

6)『선악의 저편』

1886년에 쓰인『선악의 저편. 미래 철학의 전주곡』은『차라투스트라는 이렇게 말했다』의 주석서 격이다. 몸, 대지, 디오니소스, 생명, 여성성, 건강, 초인, 영원회귀 사상 등을 한층 사색적으로 다루며 새로운 미래 철학의 대안을 모색하기 때문이다. 이 책의 출간을 맡아줄 곳이 마땅치 않아 니체는 자비로 책을 펴내야 했다. 이 책은 니체가 1881년부터 1886년까지 기록했던 아이디어 노트를 중심으로 기술되었다.

이 책에는 일반적으로 현대성 비판, 자유정신의 문제, 도덕 비판과 인류의 미래에 대한 질문, 진리와 여성, 영혼의 건강 문제, 가치의 전도 및 자유롭고 창조적인 미래 철학의 구상 같은 니체의 중후기 사상이 모두 담겨 있다. 머리말과 후곡後曲을 빼면 9장으로 이루어져 있고, 각 장은 제목을 달고 있다. 이와 같은 구성은 역시 제1권이 9장으로 이루어진 『인간적인 너무나 인간적인』과 매우 흡사하다.

니체는 『차라투스트라는 이렇게 말했다』를 쓴 뒤 아무도 그 책에 관심을 보이지 않자 표현이 난해한 탓이 아닌가 생각한다. 그래서 운율문이 아닌 일반적인 문장으로 그 사상을 부연 설명하려고 했다. 여기서 니체는 이편의 삶을 저편의 신에게 희생으로 바치라고 가르치는 기독교가 삶을 퇴폐시키는 원흉이라고 지적했다. 그는 이러한 기독교에 의해 권위가 주어진 기존의 가치 체계를 부정하고 선악 관념의 저편에서 발견되는 자연적인 삶을 충실히 하고 발전시키는 방향에서 새로운 가치를 구할 것을 역설했다. 니체는 한 편지에서 『선악의 저편』이 2000년경에야 읽힐 수 있다고 말한다. 이 책의 부제 '미래 철학의 전주곡'이라는 말에서 알 수 있듯이 니체는 이 저서를 인류 정신사의 지도를 그리려는 의도로 저술하고 있다.

니체는 이 저서가 서양의 전통적 사유나 형이상학, 문명을 파괴하는 '다이너마이트'의 위력을 지닌 '위험한 책'임을 인식하고 있었다. 기존의 사유 방식에 맞서며 새로운 대안 철학을 모색하기 때문이다. 니체는 또한 이 책을 자신의 영혼에서 흘러나온 '무서운 책'이라고 평가한다. 이 책이 위험하고 무서운 것은 현대성을 예리하게 포착하고 문제 의식화할 것을 요구하기 때문이다. 그래서 니체는 이 책에서 현대성 비판, 현대 과학, 현대 예술, 현대 정치를 중요하게 다루고 있다.

니체는 데카르트의 명제를 비판하며 '나는 생각한다'가 아니라 '그것이 생각한다'고 말한다. 여기에서 그것이란 의식의 활동을 넘어서 무의식이나 몸 이성의 활동을 말하는 것이다. 니체에게 자아란 단순한 이성적 주체가 아니라 무의식, 흥분, 충동 등이 함께 작용하는 몸의 활동을 일컫는 이름이다. 니체는 형이상학적 근본 오류를 현대 자연과학에서도 발견한다. 그는 진리도 순수의지에 의해 추구된 객관성이나 과학성의 산물이 아니라고 본다. 그의 첫 번째 물음은 진리 그 자체가 아니라 진리를 지배하는 동기, 충동,

의지에 관한 것이다. 그는 개구리의 눈으로 본 철학자들이 진리의 가치문제, 그 해석의 가치에 대해서는 소홀히 해왔다고 말한다. 그는 현대 예술 또한 고귀한 취향을 잃어가고 있고, 유럽 영혼의 위대한 소리를 상실해 협소한 민족주의적 경향을 잉태했다고 본다. 그는 서양의 민주 정치의 배후에도 퇴화 과정이 동시에 진행되고 있다고 고발한다. 무리 동물적 인간이 형성됨으로써 인간의 평준화와 평범화가 진행되어 보다 높은 인간 유형을 만들어내지 못하고 있다는 것이다. 사회주의 이념도 이러한 맥락에서 비판하며, 이와 더불어 민족주의의 광기에 대해서도 경고를 보낸다.

니체는 현대성을 극복하려면 자유정신을 지닌 인간을 육성해야 한다고 본다. 그에게 미래의 철학자는 자유정신이며, 진정한 철학자는 스스로 자신의 가치를 창조하는 자이다. 그는 자신의 가치가 무리 속에 매몰되고 평준화되어 자기 소외 속에서 살아가는 병든 시대에서 자기 자신의 가치를 창조하는 것이 인간의 진정한 과제라고 말한다. 그는 존재하는 모든 것을 긍정하고, 새롭게 눈을 뜨는 개안의 훈련을 요구하고 있다. 『선악의 저편』에서 그는 이렇게 말한다.

"고귀한 부류의 인간은 스스로를 가치를 결정하는 자로

느낀다. 그는 남에게 인정받는 것이 필요하지 않다. 그는 '나에게 해로운 것은 그 자체로 해롭다'라고 판단한다. 그는 자신을 사물에 최초로 영예를 부여하는 자로 알고 있다. 그는 가치를 창조하는 자이다. 그는 자신이 알고 있는 모든 것을 존중한다. 그러한 도덕은 자기 예찬이다. 고귀한 인간 역시 불행한 사람을 돕긴 하지만, 동정해서가 아니라 오히려 넘치는 활력에서 나오는 충동 때문에 돕는다."

　　고통과 부자유, 불신과 피로 속에서는 염세주의나 심판적 세계관이 싹트기 쉽다. 이처럼 『선악의 저편』은 '모든 가치에 대한 재평가', 그리고 명확한 '근대성 비판'에 초점을 맞추고 있는 새로운 국면의 저작이다. 이 책은 지금까지 진리와 도덕의 본성에 관한 철학을 괴롭혀온 독단론을 공격하고 있다. 객관성에 대한 철학자들의 주장은 허식일 뿐이다. 사실상 어떤 철학이나 도덕도 그것을 제시하는 사람의 '무의식적이고 비자발적인 자기 기록'인 것이다. 따라서 우리는 우리가 마주하는 어떤 견해에 대해서도, 니체가 칸트의 정언명법에 관해 제기했던 다음과 같은 질문을 던져보는 것이 좋다. "그러한 주장이 그 주장을 제기한 사람에 대해 말해주는 것은 무엇인가?"

니체는 당시 유럽과 독일에서 전염병처럼 번져가던 반유대주의를 신경 질환과 정치적 야심이 결합한 '우둔화의 발작'이라고 부른다. 당시 유대인을 호의적으로 평가하는 독일인을 보기가 쉽지 않았다. 니체 자신도 그러한 전염성 강한 그 병으로부터 자유롭지 않았다고 고백한다. 차이가 있다면 이를 얼마나 노골적으로 표출했느냐이다. 영국인은 니체에 의해 깊이가 없고, 고귀한 천성과는 거리가 멀다는 비판을 받는다. 영국인이 내세우는 경험주의나 공리주의는 '평범한 정신'의 표현이지 어떤 깊이나 높이를 가진 사유가 아니라는 것이다. 반면에 프랑스인의 예술가적 정열과 형식에 헌신하는 능력을 높이 평가한다. 또 섬세한 심리학자인 프랑스인의 기질에는 북방과 남방의 요소가 함께 들어 있다고 본다. 이러한 남방적 기질 덕분에 프랑스인은 북방의 잿빛 음울함과 햇빛을 받지 못한 개념의 유령과 빈혈증에 빠지지 않을 수 있었다는 것이다. 그래서인지 현대 프랑스 철학자들은 니체를 높이 평가하고 있다.

또한 니체는 철학자들에게 기독교적 세계관을 넘어서는 견해를 가지라고 요구한다. 새로운 가치들의 정립은 힘든 바람이긴 하지만 불가능한 꿈은 아니다. 도덕적 가치들은 상황에 따라 이미 역사적으로 변화해왔으며, 분명히 우리가 변화시킬 수 있는 것들이다. 그는 우리에게 도덕의 자연사를 보여준다. 현재 유럽을 지배하고 있는 도덕은 노예 도덕의 형태를 띠고 있다. 노예 도덕은 적극적이고 자기 긍정적인 어떤 도덕도 평가절하한다. 훨씬 건강한 주인 도덕은 자기 자신의 삶의 방식을 선의 기준으로 삼는 도덕이다. 주인 도덕보다 더 좋은 것은 판단의 섬세한 인식이며 '많은 다양한 눈과 의식을 가지고 높은 곳에서 사방을, 그리고 낮은 곳에서 모든 봉우리를 볼 수 있는 것'이다.

니체는 철학자라고 하는 것은 가르쳐질 수 있는 것이 아니라고 한다. 철학자란 삶 속에서 단련되며 사유에 의해 얻어지는 것이지 지식으로 전수되는 것이 아니기 때문이다. 마찬가지로 우리는 철학을 배우는 것이 아니라 철학함을 배우는 것이 필요하다. 철학함을 배운다는 것은 단순히 타인의 사유를 배우는 것이 아니라 나 자신의 사유를 올바르게 구축해나가는 방법을 배우는 것이다. 니체는 사유란 '가벼운 것, 신적인 것, 춤이나 들뜬 기분에 가까운 것'이라 말한다. 그에 의하면 철학자는 엄격한 훈련 속에서 자유로운 몸짓을 획득한 무용수 같은 사람이다. 철학자라고 하는 것은 삶의 문제, 삶을 바라보는 눈길, 세상을 걸어가는 발길, 독특한 실존 방식의 문제이다. 이 점에서 프로이센 정부에 복종한 대학교수 칸트와 홀로 떨어져 국가와 사회로부터 독립을 추구한 재야 철학자 쇼펜하우어가 뚜렷이 대비된다. 니체는 쇼펜하우어의 이러한 점을 본보기이자 모범이라고 추어준다.

니체는 훨씬 커다란 생명력과 삶의 증진을 위한 근본적 충동을 가정하고, 바로 이것이 인간적인 동기부여에 대해서뿐만 아니라 모든 살아 있는 것들의 행동을 특징 짓는 것이라고 말한다. "삶 자체가 힘에의 의지다. 자기 보존은 힘에의 의지 간의 간접적이고 습관적인 결과들의 하나일 뿐이다." 차라투스트라도 비슷한 점을 지적한다. "오늘날 가장 근심 많은 자들은 이렇게 묻는다. '인간은 어떻게 보존되어야 하는가?' 그러나 차라투스트라는 이렇게 묻는 유일한 최초의 사람이다. '인간은 어떻게 극복되어야 하는가?'"

니체가 적절히 표현하는 도덕성의 심리적 동기들은 이 점에서 보자면 힘에의 의지의 표현들이다. 그러나 니체는 그러한 표현들이 똑같이 건강한 것은 아니라고 주장한다. 그는 또한 모든 사람이 동등한 가치를 지녔다는 것을 부정하며, 대신에 사람들은 자연적으로 '위계'를 갖는다고 말한다. 종種의 목표는 최고의 인간이 되는 것이지만 그런 인간은 필연적으로 아주 드물 수밖에 없다.

7) 『도덕의 계보학』

니체는 『차라투스트라는 이렇게 말했다』에 대한 세상의 몰이해를 조용히 견디며, 자연과학이나 법학 방면의 책, 특히 마키아벨리*를 열심히 읽어, 정치와 도덕의 근저에 대한 생각을 단련했다. 그러나 잠언과 경구들을 적절히 사용한 『선악의 저편』이 혹평을 받자 그는 그 속편으로 『도덕의 계보학』을 쓰면서 치밀한 논리적 표현을 전개한다.

거기서 그는 사람들이 이제까지 신봉해온 도덕적 가치 판단이란, 고대 전사나 귀족의 고귀한 도덕에 대한 기독교적 노예들의 원한 감정, 전자에 대한 후자의 커다란 반란에 지나지 않는다고 설명한다. 또한 양심을 인간의 내부로 향하는 잔인한 본능으로 보며, 그것의 이상을 열렬히 갈구하는 것은 데카당**의 현상이라고 단정한다. 이처럼 니체는 『도덕의 계보학』에서 『인간적인 너무나 인간적인』을 거쳐 신의 죽음을 선언한 『즐거운 지식』에 이르기까지 자신이 전개한 도덕 개념의 종류와 기원을 철저하게 종합적으로 비

---

* 니콜로 마키아벨리(Niccolò Machiavelli, 1469~1527): 르네상스 이탈리아의 통일과 번영을 꿈꾼 정치사상가. 저서로 『군주론』 등이 있다.

** '퇴폐' '쇠락' '타락'을 뜻하는 프랑스어

판하면서 힘에의 의지 철학 체계를 완성하고 있다.

니체는『도덕의 계보학』에서 전통 철학의 관점, 특히 가치관을 전환하고자 시도한다. 그리하여 그는 책의 머리말에서 소외된 인간을 극복하여 본연의 인간상을 회복하려는 의도를 기술한다. 그는 책의 제1논문에서 '선과 악', '좋음과 나쁨'을, 제2논문에서 '죄'와 '양심의 가책', 그리고 이와 유사한 것을, 그런 다음 제3논문에서 사제의 금욕적 이상의 문제점을 다룬다. 니체는 인간의 소외, 곧 허무주의를 소크라테스의 합리주의와 아울러 기독교 도덕에서 찾고 있다.

니체는『도덕의 계보학』에서 도덕의 기원과 전개 과정을 상세히 고찰하면서, 기독교 도덕에서 발생한 선과 악을 결국 극복 대상으로 제시한다. 또한 그의 주장에 의하면 고대 그리스 시대에는 '좋음'과 '나쁨'의 개념만 있었지 '선'과 '악'의 개념이 없었다고 한다. 가치문제를 고찰할 때 또 다른 중요한 주제는 양심과 원한인데, 니체는 그 두 가지에서 도덕의 기원을 찾고 있다. 여기서 원한을 낳는 것은 무능이고, 원한에서 신이라는 개념이 도출된다는 것이다. 강한 생명력과 용기를 지닌 고대 전사의 자리를 대신한 사제의 삶은 생명력이 결여되어 있으며, 특히 전쟁과 같은 상황에서 사제는 무력하기 짝이 없다.

그러므로 힘에 대한 증오심을 키우는 사제의 도덕은 무력한 자의 도덕이므로 노예 도덕일 수밖에 없다는 것이다. 그런데 현실에서 막강한 권력을 지닌 사제가 무력하다는 니체의 주장은 정신분석학적인 관점에서 고찰해야 제대로 이해할 수 있다. 사제의 무력함이 원한을 낳고 원한은 결국 온갖 가치를 날조한다는 니체의 입장은 인간의 심층 심리를 잘 꿰뚫고 있다. 또한 니체가 보기에 청빈, 겸손, 순결과 같은 금욕적 이상 밑에서 지금까지의 철학이 명맥을 이어왔는데, 그런 금욕적 이상을 유지하는 삶은 자기모순이라는 것이다. 왜냐하면 가장 본래적이어야 할 인간의 삶이 가장 비본래적인 금욕적 이상을 견지하면서 그것을 절대적인 목표 내지는 근거로 삼기 때문이다.

『도덕의 계보학』 서문에서 니체는 먼저 인간의 자기 인식에 관한 문제를 꺼낸다.

"우리는 우리 자신을 잘 알지 못한다. 우리 인식하는 자들조차 우리 자신을 잘 알지 못한다. 여기에는 그럴 만한 이유가 충분히 있다. 우리가 우리 자신을 탐구해본 적이 한 번도 없었기 때문이다. 우리가 어느 날 우리 자신을 발견하는 일이 어떻게 일어난단 말인가?"

니체에 따르면 인식하는 자이며, 세계의 여러 대상에 대한 인식을 추구해온 우리는 정작 우리 자신이 누구인지 모른다. 니체는 우리가 우리 자신에게 낯선 타자임을 지적한다. 니체는 '자신을 찾는 일'을 수행하려고 한 다음 '도덕적 편견의 기원'에 관한 자신의 생각으로 화제를 옮긴다. 이 사상이란 '선과 악이 본래 어떤 기원을 갖는가?'라는 호기심 어린 물음에서 비롯되는 것인데, 니체는 심리학, 역사학, 고전 문헌학의 도움을 받아 자신의 물음을 다음과 같이 정리한다.

"인간은 어떤 조건 하에서 선과 악이라는 가치 판단을 생각해 냈을까? 그리고 그러한 가치판단들 자체는 어떤 가치를 지니고 있을까? 그것이 지금까지 인간의 번성을 저지했을까 아니면 촉진했을까? 그것이 삶의 위기와 빈곤, 퇴화의 징조일까? 아니면 반대로 그 속에서 삶의 충만, 힘, 의지가, 그 용기와 확신과 미래가 드러나는 것인가?"

이처럼 니체는 도덕적 가치들의 기원과 형성에 관해 묻는다. 니체 철학의 위대함은 철학의 가치, 도덕의 가치를 묻는다는 점이다. 사람들은 선과 악, 양심과 동정심과 같은 도

덕적 가치들이 그 자체로 선험적으로 존재하는 것으로 생
각해왔다. 그러나 그러한 가치들은 사실상 역사적으로 형
성되어온 것이며, 따라서 니체는 가치들의 발생사를 비판
적으로 검토해야 한다고 생각한다.

니체는 선과 악의 기준이 왜 만들어졌는지 질문한다. 이
러한 가치는 우선 그 자체로 문제시되어야 한다. 이를 위해
서는 이러한 가치들이 성장하고 발전하며 변화해온 조건과
상황에 대한 지식이 필요하다. 그와 같은 지식은 지금까지
존재한 적도 요구된 적도 없었다. 사람들은 이러한 '가치들'
의 가치를 주어진 것으로, 아무런 문제 제기를 할 수 없는
기정사실로 받아들였다.

그리고 니체는 선과 악의 기준에 대한 답을 찾기 위해 선
과 악의 기준이 만들어진 기원을 찾고자 한다. 즉 도덕에 대
한 계보학적 접근을 한다. 니체의 말에 의하면 인간은 원래
원한의 인간이기 때문에 자신에게 실리적으로 유용한 것을
도덕으로 인지한다는 것이다. 원한은 현실의 고통에 대한
반응적 인간의 가상적 복수인 셈인데 현실의 고통 때문에
원한 감정이 생긴다. 그런데 고통을 해석하는 자세는 기독
교인과 그리스인이 사뭇 다르다. 그리스인은 신의 미움을
받은 인간이 신의 쾌락을 충족시키기 위해 그의 노리개가

되어 고통을 당한다고 보는 반면, 기독교인은 이게 다 내 탓이라는 원죄 의식과 양심의 가책에서 고통이 생겨난다고 본다. 즉 사제한테 세뇌당한 결과 원한 감정을 자신에게 모조리 투사한 것이 양심의 가책이라는 것이다. 니체는 양심을 '밖으로 배출될 수 없을 때 안으로 방향을 돌리는 잔인성의 본능'으로 파악한다. 게다가 니체는 책임감, 정의, 기억 등도 이러한 양심을 보조하기 위해 등장했다고 보았다. 그는 여기에서 국가의 형성 과정에 대한 흥미로운 가설을 제시하기도 하며, 인간 본능의 억압과 양심의 발생을 이와 연관시켜 설명하기도 한다.

니체는 『도덕의 계보학』의 제3논문에서 금욕주의를 해로운 이상, 종말에의 의지, 데카당에의 의지라고 규정하면서도 왜 금욕주의가 사람들을 지배해왔는지를 해명한다. 니체에 의하면 기독교에는 청빈, 겸손, 순결이라는 세 가지의 금욕적 이상이 있는데, 그는 금욕적 이상이 철학자의 덕과 대응된다고 본다. 역사적으로 보면 금욕적 사제들이 날조한 금욕적 이상 밑에서 철학이 지금까지 명맥을 유지해왔다는 것이다. 니체의 주장에 따르면 문명이 번성하고 인간의 순응이 이루어진 곳에서는 어디서나 인간을 지배하고 인간 위에 군림하기 위해 금욕적 이상이 만들어졌다. 현대적 관점에서 보면 금욕적 이상은 일종의 이데올로기에 해당한다고 할 수 있다. 그의 견해에 따르면 금욕주의가 승리하게 된 것은 그것 외에는 의지할 만한 다른 것이 없었고, 경쟁자가 없었기 때문이다.

니체의 저서에는 『도덕의 계보학』을 비롯하여 '금발의 야수'라는 표현이 여러 번 등장한다. 이 표현은 히틀러의 왜곡 인용으로 다른 어떤 표현보다 니체에게 많은 오명을 안겨주었다. 하지만 그것은 지배자 민족 개념은커녕 특정 인종과도 전혀 무관하다. 니체는 문명 초기에 금발의 야수가 생겨나 처음 국가를 세웠다고 본다. 그런 점에서 금발의 야수는 인종의 공통 조상이 분명하다. 원시시대의 숲을 돌아다니며, 법과 계약을 무시하고, 침략과 약탈을 일삼는 바그너의 〈반지〉 시리즈에 나오는 신과 영웅이 금발의 야수와 흡사하다. 그런데 이러한 원초적인 인간이 기독교에 의해 길들여지고 개선되어 우리에 갇힌 병든 야수가 되었다는 것이다. 이는 교회가 인간을 약하게 망쳐놓고 개선했다고 주장한다는 의미이다. 사실 금발의 야수라는 표현이 게르만 지배자 종족을 의미한다는 주장과는 거리가 멀긴 하지만 사고의 연쇄적 힘에 의해 위험한 요소가 없는 것은 아니다. 다이너마이트가 원래는 터널 공사에 유용하게 사용되었으나 전쟁에 사용될 때는 위험한 살상 무기이듯이 말이다.

니체는 도덕의 계보를 분석하여 허무주의를 낳는 소크라테스의 합리주의와 기독교적 가치관을 비판하면서, 분출하는 본능과 역동적인 힘에 의해 인간을 스스로 가치를 창출하는 강력한 동물로 회복시키려 한다. 그가 말하는 가치의 전도는 삶에 부정적인 가치 체계로부터 삶에 긍정적인 가치 체계로의 전도이다. 그는 여기서 더 나아가 인간의 정신이 주인 도덕을 지닌 차라투스트라처럼 자신을 극복하는 위대한 모습으로 삶을 긍정하고 운명을 사랑하는 쪽으로 변화할 것을 촉구한다. 그는 이러한 주장을 통해 정신의 약자들의 원한이 만들어내는 독소의 위험성을 특히 강조하면서, '위버멘쉬'란 슈퍼맨 같은 초인적 능력을 지닌 인물이나 독재적 영웅이 아니라 기존의 노예 도덕을 부정하고 스스로 가치를 부여하는 자유롭고 창조적인 인간임을 강조하고 있다.

8) 『이 사람을 보라』

니체의 마흔 번째 생일에 쓰이기 시작한 이 책은 니체의 자서전이라 할 수 있다. 『반그리스도』와 이 책은 각기 신에 대한 불경과 조증의 경계에 있는 저서들이다. 그는 책 앞에 자신의 삶에 감사하며 그 자신에게 자신의 삶을 이야기한다고 밝힌다. 이 책의 제목은 본디오 빌라도가 예수의 십자가형을 요구하는 군중들 앞에 그를 내세우면서 한 말이다. "이 사람을 보라Ecce Homo"(요한복음 19:6). 그전에 『즐거운 지식』에서 니체는 이미 이렇게 말하고 있다. "이 사람을 보라. 그렇다! 난 내가 어디서 왔는지 안다! 나는 불꽃처럼 지칠 줄 모르고 환히 빛나며 여위어간다. 내가 손대는 모든 것은 빛이 되고 내가 놔두는 모든 것은 숯이 되니 나는 불꽃이 분명하다."

니체는 자신을 특징 짓는 것이 싸움이라면서 공격이 자기 본능의 일부라고 말한다. 그는 싸움 방식을 네 가지 명제로 요약한다. 그는 승리하고 있는 것만 공격하고, 우군 없이 자기 홀로 싸우는 것만을 공격한다. 개인을 공격하지 않고 개인을 확대경처럼 사용한다. 그리고 온갖 개인적 차이가 배제되고, 그 배후에서 나쁜 경험을 할 것이 없는 대상만 공격한다. 니체에게 공격이란 오히려 호의에 대한 증거이며, 경우에 따라서는 감사함에 대한 증거이다.

니체는 자신을 예수와 비교할 뿐만 아니라 델포이의 신탁으로부터 '아테네에서 가장 현명한 자'라는 말을 들었던 소크라테스와도 비교한다. '나는 왜 이렇게 현명한가' '나는 왜 이렇게 영리한가' '나는 왜 이렇게 좋은 책을 쓰는가' 등의 반어적 제목을 붙인 것에서 그러한 점이 잘 드러난다. 이 부분에는 자신이 얼마나 현명하고 영리하며, 자신의 책이 어찌나 위대한지에 대한 찬사가 쓰여 있다. 그런 다음 본격적으로 자신의 책 소개를 한다. 니체는 "나는 왜 하나의 운명인가"라고 주장하기도 한다. 그는 겸손과는 거리가 멀다. 이런 점에서 니체는 겸손을 경원시하는 괴테와 쇼펜하우어의 전통을 계승하고 있다.

니체는 이 책에서 자신의 과제에 대해 이렇게 말한다. "나의 과제는 인류 최고의 자기 성찰의 순간인 위대한 정오를 준비하는 것이다. 이때 인류는 과거를 되돌아보고 미래를 내다보면서, 우연과 사제의 지배에서 벗어나 '왜?' '무슨 목적으로?'라는 질문을 최초로 전면적으로 제기할 것이다."

니체는 자신의 유일무이함에 큰 자부심을 갖고 있었으며, 니체라는 인물의 초시대적인 위대함을 알아차리지 못하는 또는 너무 늦게 알아차리는 자기 시대에 비난을 퍼붓는다. '나는 왜 이렇게 현명한가'에서 니체는 자신의 여러 특징에 대해 해명하고 있다. 그는 현대성의 특징인 데카당을 스스로 체험해보고 극복한 전문가임을 밝힌다. 그는 자신이 총체적으로 건강한 자이고, 건강을 추구하고 있으며, 질병에 의해 건강해졌음을 밝힌다. 그리고 자신의 공격성과 예민함 등에 대해 과장된 어투로 서술하고 있다. 니체는 건강에의 의지와 삶에의 의지를 자신의 철학으로 만들었다고 말한다. 그는 위대한 건강의 필요성을 말하는데, 그것은 사람들이 보유하는 것이 아니라 끊임없이 획득하고 또 획득해야 하는 것이다. 그것은 새로운 건강으로, 이전의 어떤 건강보다도 더 강하고 더 능란하고 더 끈질기며 더 대담하고 더 유쾌한 건강이다.

'나는 왜 이렇게 영리한가'에서는 섭생과 영양 섭취에 대해 기술하며, 장소와 풍토의 선택, 그리고 휴양을 취하는 방식이 철학자와 그 자신에게 끼치는 영향에 대해 서술하고 있다. 니체는 삶이 그에게 가장 어려운 것을 요구했을 때 삶이 그에게 가장 가벼워졌다고 역설적으로 말한다. 그리고 위대한 과제를 대하는 방법으로 가장 좋은 것이 놀이라고 지적한다.

'나는 왜 이렇게 좋은 책을 쓰는가'는 자기 작품에 대한 니체 자신의 해설이다. 그는 자신을 디오니소스의 제자로, 자기 작품들을 자신의 삶과 격정의 표현으로 이해해달라고 요구한다. 그는 자신의 저서가 현대인에게 읽히길 기대하지 않는다. "나의 승리는 쇼펜하우어의 승리와는 정반대다—나는 '나는 읽히지 않는다, 나는 읽히지 않을 것이다'

라고 말한다." 그러면서 언젠가는 자신이 이해하는 삶과 가르침을 사람들에게 살도록 하고 가르치게 될 기관들이 필요하고, 심지어는 『차라투스트라는 이렇게 말했다』를 해석하는 일을 하는 교수직이 만들어질 거라고까지 말한다. 그리고 사람들이 자신의 작품에 익숙해지면 다른 책들은 더이상 도저히 견뎌낼 수 없게 된다고 큰소리친다.

니체는 자신의 문체에 대해서도 자부심이 대단하다. "나이전에 사람들은 독일어로 무엇을 할 수 있는지, 언어로 대체 무엇을 할 수 있는지 알지 못했다. 위대한 리듬 기법, 복합문의 위대한 문체가 숭고하고도 초인간적인 열정의 엄청난 상승과 하강을 표현하기 위한 것이라는 사실이 나에 의해 비로소 발견되었다."

'나는 왜 하나의 운명인가'에는 자신에 대한 스스로의 평가가 담겨 있다. 그는 자신의 운명을 다이너마이트로 간주한다. "나는 인간이 아니다. 나는 다이너마이트다." 자신이 비도덕주의자이자 도덕의 파괴자이기 때문이다. 이 문장은 히틀러 제3제국의 등장을 예언하거나 그것의 사전 승인으로 읽히기도 하지만 이는 미래의 계시적 사건을 언급하는 것이 아니라 이전의 모든 도덕에 맞서고자 하는 결의를 보여주는 것이다. 그는 이제까지 최고 유형으로 여겨지던 인간 유형, 즉 노예 도덕의 소유자를 종말 인간으로 부정한다. 그는 그때까지 지배적이었던 도덕 유형, 즉 기독교 도덕을 부정하고 파괴하며 스스로가 가치 창조를 하는 새로운 주인 도덕을 주창한다. 니체는 그런 점에서 긍지와 자부심을 느낀다. 이러한 의미에서 니체는『이 사람을 보라』에서 이 책의 궁극적인 의미를 가장 반反현대적인 인간 유형인 '귀족적 인간을 길러내는 학교'로 규정한다.

『비극의 탄생』을 쓰던 무렵 니체에게는 그리스인들이 어떻게 비관주의를 극복했는지를 가르치는 것이 중요한 문제였다. 비극이야말로 그리스인들이 비관주의자가 아니었다는 증거라는 것이다. 그는 거기서 두 가지 새로운 점을 든다. 하나는 그리스인들에게서 나타나는 디오니소스적 현상에 대한 이해이다. 이 책은 그 현상에 대한 최초의 심리학이며, 그것을 그리스 예술 전체의 한 뿌리로 본다. 또 다른 새로운 점은 소크라테스를 그리스의 용해의 도구이자 전형적인 데카당으로 본다는 점이다. 니체에게 본능과 대립하는 이성은 삶을 파괴하는 위험한 힘이다.

『비극의 탄생』이 인정하는 유일한 가치는 미적 가치이다. 그런데 아폴론적이지도 않고 디오니소스적이지도 않으며, 미적 가치를 부정하는 기독교는 가장 깊은 의미에서는 허무주의적이다. 또한 니체는 소크라테스를 데카당으로 인식함과 아울러 도덕 자체를 데카당의 징후로 파악한다. 그가 볼 때 삶에 대해 복수심을 가지고 저항하는 기독교, 쇼펜하우어 철학, 플라톤 철학과 아울러 이상주의 전체가 데카당의 전형적 형태다. 반면에 삶에 대한 긍정은 최고의 통찰이자, 진리와 학문에 의해 가장 엄격하게 확인되는 가장 심오한 통찰이라는 것이다. 진정한 차라투스트라의 시선에서 볼 때 바그너, 바이로이트, 독일적 참담함은 모두 미래에 대한 무한한 신기루가 반영되고 있는 뜬구름에 불과하다.

니체는 디오니소스적인 것에 대한 정의를 내린다. 그는 자신의 최상의 모습을 희생시키면서 자신의 고유한 무한성에 희열을 느끼는 삶에의 의지를 디오니소스적이라고 부른다. 그는 소크라테스 이전의 철학자들 중 유일하게 헤라클레이토스에게서 자신과 유사한 점을 발견한다. 유전과 파괴에 대한 긍정, 대립과 싸움에 대한 긍정, 생성, '존재' 개념에 대한 극단적인 거부라는 점에서 그는 디오니소스 철학의 결정적인 면을 보기 때문이다.

어떤 주석가들은 니체가 이 책을 썼을 때 이미 정신적으로 문제가 있는 상태였다고 말하기도 한다. 그러나 그들은 이 책에 나타난 어둡고 반어적인 유머를 이해하지 못하고 있다. 그러나 이 개요적인 책을 완성하고 얼마 지나지 않아 니체의 저술 활동은 끝나고 만다.

6. 니체에 대한 오해와 소문

• 니체는 미친 상태에서 글을 썼다.

: 사실이 아니다, 니체가 말년에 정신 질환으로 고통받은 것은 사실이나 대부분 저술 활동은 발병 전에 이루어졌다. 정신병이 발발한 1899년에서 그가 죽은 1900년까지 니체는 정신 능력이 현저히 떨어져 단 한 편의 글도 쓰지 않았다.

• **니체는 여성들을 혐오했다.**

: 그는 여성에 대한 비판적인 글을 쓴 탓으로 지금 시각으로 볼 때 부정적으로 비치기도 한다. 그 시대의 보편적 남성 우월주의를 공유했던 것은 사실이나 여성적 특질의 우월성을 강조한 것 또한 사실이다. 니체는 여성에 대한 부정적인 시각만 가진 것이 아니라 '여성성이 진리라는 긍정적 시각'도 피력했다. 그는 여성성이 파괴되지 않는 양성평등을 지지한다. 그가 당대 페미니즘의 선봉장이었던 남작부인 마이젠부크와 친교를 나누고, 여성에게 동등한 기회를 요구한 페미니스트와도 친교를 나눈 것으로 볼 때 항간의

주장과는 달리 여성 혐오주의자는 아닌 것으로 보인다. 또한 니체는 동료들 대다수가 반대하는 데도 바젤대학 박사 학위 과정의 여성 입학을 허용하는 결정에 찬성표를 던지기도 한 것으로 보아 오히려 여성의 사회적 인권을 옹호하는 입장이었다.

• 니체는 나치즘의 선구였다.

: 사실이 아니다. 니체의 생각 중 많은 부분이 나치의 견해를 예시했다는 주장이 있다. 헝가리의 마르크스주의 철학자 루카치가 니체를 나치즘의 선구자라 주장한 것이 이 같은 오해가 퍼진 계기가 되었다. 인종에 관한 그의 견해, 권력에 대한 찬미와 힘이 정의라는 생각, 초인과 주인 도덕 옹호, 약자에 대한 비난이 그것이다. 그러나 그의 이러한 주장은 나치의 주장과는 다르다. 니체는 인종적 순수성이 아니라 혼성, 즉 인종의 혼합을 찬미했다. 그가 언급한 '금발의 야수'는 '정글의 왕'인 사자 같은 것을 의미할 뿐이지 금발의 독일 병사가 아니다. 그의 약자 비판도 새로운 가치 창조를 못하는 정신적인 약함이었지 정치적인 약함이 아니다. 니체는 악명 높은 반유대주의자와 결혼한 여동생 결혼식에도 참석하는 것조차 거절했다. 니체의 여동생 엘리자

베트가 니체의 나치즘 신화를 왜곡, 조작한 인물이었다. 그는 독일 인종의 우수성에 공감하지 않았고 자신을 '훌륭한 유럽인'이라고 칭했다.

- **니체는 유대인들을 증오했다.**

: 유럽 내지는 독일의 유대주의는 최소한 중세로 거슬러 올라갈 정도로 역사가 깊다. 유대인들은 나치 이전에 대다수 기독교인들의 적대적인 표적이었다. 그가 기독교를 싫어한 것은 기독교의 허무주의 즉 내세에 기반을 두면서 이 세계의 것들을 업신여기고 경멸하는 태도 때문이었다. 니체는 기독교를 유대교의 곁가지로 보았으며 유대교를 박해하는 기독교인들을 더 싫어했다. 그는 유대교뿐 아니라 그 뒤를 잇는 서구 역사 전체에 대해서도 날카로운 비판을 가했지만, 유대인 자체에 대해서는 호감을 가졌다. 바그너의 반유대주의는 니체가 그에게 등을 돌리게 된 이유 중의 하나다.

- **니체는 파시스트였다.**

: 니체가 나치나 반유대주의자는 아니었다고 해도 그가 어느 정도 파시스트라는 주장이 있다. 그는 민주주의를 공

격했으며, 평등의 이념을 조소했다, 그는 강자에 의한 통치를 신뢰했으며, 나폴레옹과 압제자 체사레 보르자를 칭찬했다. 사실 니체는 민주주의와 사회주의를 공격했지만, 독재나 전제주의, 신정정치, 군국주의 등 온갖 종류의 정치적 우둔함을 공격했다, 그가 그나마 좋게 본 것은 '귀족정치'였다. 그가 빈번히 공격한 소크라테스도 '귀족정치'를 옹호했다. 그는 파시스트에 공감했다기보다는 오히려 적대시했으며 개인적 독창성과 창의력을 믿는 사람이었다. 그가 민주주의에 대해 거친 말을 내뱉은 것은 사실이지만 그것은 플라톤도 마찬가지였다.

• 니체는 권력을 숭배했다.

: 권력의지와 정치적 권력을 혼동해서 생긴 오류이다. 니체의 권력의지 또는 힘에의 의지는 정치적 운용에 관한 것이라기보다는 인간의 행동을 이끌어내는 것이 무엇인지에 대한 심리학적 가설이다. 그는 힘에의 의지라는 이름 하에 자기 훈련과 창조적 에너지를 찬미했다. 니체가 우리 행위의 동기라고 칭하는 것은 권력의 소유나 권력을 느끼는 것이라기보다는 힘과 생명력을 증가시키려는 욕구다,

- **니체는 모든 것이 허용된다고 믿었다.**

: '신이 죽었다'는 니체의 말은 도스토예프스키의 소설 『카라마조프가의 형제들』에 나오는 이반 카라마조프의 말 "신이 존재하지 않는 것이 사실이라면, 모든 것이 허용된다"는 말과 뒤섞이거나 혼동된다. 그러나 니체는 가치가 신으로부터 나온다고 생각하지 않았다. 니체가 신의 죽음으로 낡은 도덕 규범이 해체되기를 바랐다 하더라도, 그는 사람들이 아무렇게 살아도 된다고 생각하지는 않았다. 오히려 정반대다. 그는 신이나 내세가 없다면 바로 이 세상의 삶이야말로 정말 중요하다고 생각했다,

- **니체는 허무주의자다.**

: 그가 유럽에서 허무주의의 도래를 예견했다고 해서 허무주의자로 평가되기도 한다. 그러나 이는 큰 잘못이다. 오히려 니힐리즘(허무주의)을 비판한 사람이 니체였다. 현대는 가치의 상대화에 의해 절대 가치가 존재하지 않는 니힐리즘의 시대라 말할 수 있다. 19세기까지 유럽의 절대 가치와 진리는 기독교 도덕이었다, 니체는 기독교 도덕은 살아 있는 인간을 위한 것이 아닌 것, 진짜가 아닌 것이라 생각했다. 그의 철학의 출발점은 현재의 기독교 도덕에 대한 의문

이었다. 현실적으로 현대인의 절대 가치는 돈과 이윤이다. 낡은 구조와 믿음을 파괴하는 그의 목적은 새로운 것을 세우는 데에 있었다. 그는 허무주의를 데카당의 징후로 보았으며 그것을 결코 좋아하지 않았다, 니체 철학이 파괴적이고 해체적이어서 어떠한 긍정적인 것도 말해주지 않는다고 말하는 사람이 있다. 그러나 니체는 모든 것을 파괴하는 단순한 파괴자나 허무주의자는 아니었다. 그의 철학이 긍정적이지 않다면 아무 의미가 없을 것이다. 그는 덕의 파괴자라기보다는 새로운 덕의 건설자이자 덕의 해방자이다.

• **니체는 무신론자였다.**

: 니체는 본능적으로 무신론자라고 말한다. 또한 그는 젊었을 때 신의 힘을 확신해서 신이야말로 선뿐 아니라 악의 기원임에 틀림없다고 말하기도 했다, 실제로 그의 말은 불경하고 때로는 독설적이기까지 하다. 그는 통상적인 의미에서 신앙인이라고 말하기는 어렵다. 그는 기독교의 신보다 그리스의 신들에 더 호의적이다. 그가 보기에 신은 약자들의 버팀목으로, 원한에 찬 사람들을 위한 힘으로 봉사한다. 그러나 그는 신성을 거부한다는 의미의 전형적인 무신론자는 아니었다.

- **니체는 상대주의자였다.**

: 상대주의란 '모든 견해는 다른 견해와 다를 바 없다—더 나은 것도 모자라는 것도 없다'고 표현할 수 있다. 니체는 관점주의라고 명명된 견해의 주창자였다. 그러나 불가지론을 신봉하는 좁은 의미의 상대주의자는 아니었다. 그는 어떤 제약이나 관점에 상관없이 과학적 현상 뒤에 있는 세계 속에서 '사물 자체'의 진리를 얻을 수 있다고 믿는 견해를 공격하고 있는 것뿐이다. 니체는 현상계의 배후에 사물 자체의 진리를 얻을 수 있다고 믿는 주제넘은 견해를 공격하는 것이다. 그는 사물 자체의 관념이 불합리하고 불필요하다고 생각했다. 그는 현상계만이 유일한 세계고, 참된 이상적인 세계는 거짓으로 덧붙여진 세계일 뿐이라고 말했다.

- **니체는 전쟁을 찬미했다.**

: 그는 군사훈련이나 군대의 형식성, 정확성을 좋아했으나 반군국주의자였다. 니체는 선의의 경쟁, 즉 아곤*을 좋아했지만, 그의 마음속에 있던 으뜸가는 싸움은 자신과의 싸

---

* 그리스어로 시합, 경기를 뜻하며 규칙에 입각한 경쟁의 놀이를 말한다.

움, 건강과의 싸움, 기독교 부르주아적 교육과의 싸움, 유약함, 연민, 원한 등과의 싸움이었다. 그가 전사, 전쟁에 대해 즐겁게 말하는 것은 말하는 것 대부분은 은유였을 뿐이다.

• 니체는 이기주의자였다.

: 일반적인 견해와는 달리 니체는 자신을 에고이스트로 생각하지 않는다. 그가 말하는 이기주의는 자기 본위나 부와 권력을 자기에게 모으는 것과는 다르다. 그는 이타주의와 이기주의 사이의 대립적 이분법을 거부했다. 무슨 일이든 손익을 계산하고 자신에게 득이 되는지 아닌지를 철저히 따지는 이기주의자는 아니다. 그는 이기주의자를 감정에 따라 판단하고 신용하기 어려운 사람이라고 본다. 위대한 인물에게 자기 이해의 만족은 더 큰 선의 이익과 같다고 할 수 있다. 그는 이기심에서 드러나는 좀스러움, 유치함, 조잡함, 관점의 결여를 문제로 보았지, 이기심 그 자체를 문제로 본 것은 아니었다.

• 니체는 포스트모더니스트였다.

: 최근 들어 니체를 포스트모더니스트로, 또는 최소한 20세기 포스트모더니즘의 가장 중요한 선구자로 해석하는 경

향이 있다. '진리란 없으며 오직 해석들만 있을 뿐'이라는 그의 선언은 '오직 텍스트만 있을 뿐'이라고 주장하는 세대의 주장에 힘을 불어넣어주었다. 사물의 기원을 찾으려는 시도의 문제점을 비판했다는 것, 언어나 담론적 실천에 관심을 가졌다는 점, 불타오르는 듯한 선언을 내뱉곤 하는 태도, 플라톤으로부터 내려온 철학적 전통을 부정한다는 점, 자아나 주체에 대한 다양한 공격 등을 현대의 포스트모더니스트들이 수용한다. 그렇다고 해서 그가 포스트모더니스트는 아니다. 그가 비판적이고 심지어 해체적인 입장을 견지하는 것은 더욱 활기차고 적극적인 철학을 선포하기 위해서였다. 그가 진리 개념을 거부하고 해석의 중요성을 강조했지만, 이는 학문을 손상하기 위해서라기보다는 그가 경험주의적 목표와 방법에 동의하고 있었기 때문이다.

출처

연보

1844년 10월 15일, 작센주 뤼첸 근처 뢰켄에서 목사인 카를 루트비히 니체와 어머니 프란치스카 욀러 사이에서 장남으로 태어남. 스웨덴 왕 구스타프 아돌프가 뤼첸에서 전사했음. 어머니도 이웃 마을 목사의 딸이었음.

1846년 7월 10일 여동생 엘리자베트 니체가 태어남.

1948년 2월 남동생 요제프가 태어남.

1849년 7월 30일, 아버지가 뇌연화증으로 사망함.

1850년 남동생 요제프 1월 4일 사망함. 가족이 나움부르크로 이사함.

공립 초등학교에 입학하지만 적응하지 못하고 그만둠.

1851년 칸디다텐 베버라는 사설 교육기관에 들어가 종교, 라틴어, 그리스어 수업을 받음. 어머니에게서 피아노를 선물 받아 음악 교육을 받음.

1853년 돔 김나지움Domgymnasium에 입학함. 성홍열을 앓음. 가족은 니체가 아버지 뒤를 이어 목사가 되기를 바람. 대단한 열성으로 학업에 임했으며, 이듬해에 이미 시를 짓고 작곡을 시작함. 할머니 사망.

1856년 첫 철학 논문 「악의 기원에 대하여」 작성. 그의 메모장은 시로 가득했음.

1858년 나움부르크로 이사. 10월부터 1864년 9월까지 나움부르크 근교 슐포르타Schulpforta 김나지움에 다님. 자서전을 쓰기 시작함. 고전 문헌학과 독일어에 뛰어난 재능을 보이며, 시를 짓기도 하고, '게르마니아'라는 문학 모임을 만듦. 음악 서클을 만들어 교회음악을 작곡하기도 함.

1860년 문학 모임 게르마니아를 만든 후 에르빈 로데와 평생의 우정이 시작됨.

1861년 〈트리스탄과 이졸데〉의 피아노 발췌곡이 발표되어 바그너를 알게 된 무렵부터 셰익스피어, 괴테, 휠덜린 등의 작품을 즐겨 읽음.

1862년 두통을 자주 느껴 병원에 입원함. 논문 「운명과 역사」 작성. 어머니의 지나친 보호 본능으로 불안한 어린 시절을 보내며, 이런 환경에서 아버지와 가부장적 권위, 남성상에 대한 동경을 품게 된다.

1863년 소풍을 가서 맥주 네 잔을 마시고 취한 채 학교로 돌아왔다가 학급 대표 자리를 잃고, 후배 감독권마저 박탈당함. 방랑 기질이 있는 시인 에른스트 오르틀렙과 가까이 지내나 그는 길에서 죽은 채로 발견됨. 멜로디에 관심을 보임.

1864년 10월 졸업 논문 「메가라의 테오그니스에 대하여」로 극찬을 받음. 슐포르타 김나지움을 우수한 성적으로 졸업하고 본 대학에 입학하여 신학과 고전 문헌학을 공부함. 피아노를 세내어 들여놓음. 동료 파울 도이센과 함께 대학 클럽 '프랑코니아Frankonia'에 가입하여 사교와 음악에 관심을 가짐. 신학과 성서에 대한 비판적 생각을 갖게 되면서 신학 공부를 포기하려 하자 어머니와 갈등을 겪은 후 리츨 교수의 고전 문헌학 강의를 수강함.

1865년 2월 문헌학을 전공하기로 결정함. 방학 중 성찬식에 가지 않으려고 해서 어머니와 갈등을 겪음. 대학생 조합의 통과의례인 결투를 하다가 가벼운 상처를 입음. 게르스도르프, 에르빈 로데와 가깝게 지냄. 10월에 프리드리히 리츨 교수를 따라 라이프치히 대학으로 옮겨 공부를 계속함. 쇼펜하우어의 주저 『의지와 표상으로서의 세계』를 읽고 큰 감명을 받음. 불안정하고 우울한 기분에 사로잡혀 쓸데없는 자책감에 시달림. 술과 담배를 끊음. '문헌학회' 창립. 소년 시절에 나타난 병증들이 악화하고 류머티즘과 격렬한 구토에 시달렸으며 쾰른의 사창가에 갔다가 성병 치료를 받기도 함.

1866년 비스마르크에 감동받아 그를 순수한 프로이센인이라 칭함. 프로이센의 '민족 통일 계획'에 공감함. 에머슨의 책을 읽음. 고대 철학사가인 디오게네스 라에르티우스의 자료들에 대한 문헌학적 작업을 시작함. 디오게네스에 대한 연구와 니체를 높이 평가한 리츨 덕분에 문헌학자로서 니체의 이름이 알려지기 시작함.

1867년 문체에 대한 관심이 생겨 '너는 써야 한다'는 정언명령을 느낌. 데모크리토스에 관한 연구. 10월 31일 디오니게네스 라에르티오스에 관한 연구로 라이프치히 대학에서 수여하는 상을 받음. 군에 입대하여 나움부르크에서 포병으로 근무하며 승마와 포 쏘는 법을 배움.

1868년 3월 말 사고를 당함. 가슴뼈를 다쳤는데 심한 통증으로 모르핀 주사를 맞음. 바그너의 〈트리스탄과 이졸데〉와 〈뉘른베르크의 장인 가수들〉을 듣고 매료됨. 6월에서 8월까지 할레 근처의 비테킨트에서 요양함. 문헌학에는 점점 반감을 갖게 됨. 11월 8일, 라이프치히에 있는 동양학자 브로크하우스 집에서

리하르트 바그너와 개인적으로 처음 알게 됨. 그와 함께 쇼펜하우어와 독일의 현대 철학과 오페라의 미래에 대해 의견을 나누러 오라는 초대를 받음.

1869년 2월 12일 학위도 없이 리츨 교수의 추천으로 고전어와 고전문학 객원교수로 바젤 대학에 초빙됨. 무시험으로 박사 학위 취득하고 학생 신분에서 벗어남. 4월 19일 바젤 도착. 5월 17일 루체른 근교 트립셴의 바그너 집을 처음으로 방문함. 필라투스 산에 오름. 『음악 정신에서 나온 비극의 탄생』 노트 작성. 트립셴에 머무는 동안 코지마가 바그너의 아들 지크프리트를 출산함. 5월 22일 바그너의 생일에 보낸 편지에서 '수수께끼 같고 의심스러운 현존재에 대해 깊은 성찰을 할 수 있었던 것은 바로 당신과 쇼펜하우어 덕분'이라고 함. 5월 28일 바젤 대학에서 '호메로스와 고전 문헌학'이란 제목으로 취임 강연을 함. 바젤의 사교계로부터 초대를 받으며, 지성이 풍부한 특이한 사람인 야코프 부르크하르트와 알게 됨. 바그너는 니체를 설득해서 엄격한 채식주의를 포기하게 함. 그해 크리스마스는 트립셴에서 보냄. 『비극의 탄생』 집필 시작.

1870년 1월 18일 '그리스의 음악극' 강연. 2월 1일 '소크라테스와 비극' 강연. 4월에 정교수가 됨. '오이디푸스 왕'에 대한 강연을 함. 4월 신학자 프란츠 오버베크와 교제 시작됨. 7월 로데와 함께 트립셴을 방문함. 7월 19일 독불전쟁이 일어났을 때 「디오니소스적 세계관」을 쓰는 중이었음. 8월 독불전쟁에 지원하여 8월 9일에서 10월 21일까지 위생병으로 종군, 부상병을 호송하던 중 이질과 디프테리아에 걸려 입원함. 10월 바젤로 돌아옴. 11월 7일 현재의 프로이센을 문화에 극히 위협적인 가장 위험한 권력이라 여김. 크리스마스와 신년을 트립셴에서 편안하게 보냄. 「디오니소스적 세계관」을 코지마에게 선물함.

1871년 불면증으로 고생함. 바젤대학교 철학과 학과장 자리에 지원하나 거절됨. 독불전쟁 종전, 제2제국 선포되고 빌헬름 1세가 독일 제국 황제로 즉위함. 파리 코뮌 가담자들의 튈르리 궁전 방화에 충격받음.

1872년 1월 『비극의 탄생』이 출간되었으나 학계와 특히 빌라모비츠 묄렌도르프의 혹평을 받음. 에르빈 로데가 니체의 변호에 나섬. 리츨 교수는 '재기 있지만 제멋대로'라고 평함. 부르크하르트는 미지근한 반응을 보임. 2~3월 바젤에서 『교육제도의 미래』 강연(유고로 처음 출간됨). 4월 바그너가 트립셴을 떠남. 교수직 그만두고 바이로이트를 위한 저술 활동을 하려 했으나 바그너가 만류함. 5월 22일 친구 게르스도르프, 로데와 바이로이트의 축제극장 기공식 참석. 바이로이트에서 바그너와 만남. 바그너는 저술 활동을 통해 니체를 지원함. 겨울 학기에 그리스와 라틴어 수사학 강의에 고전학 학생이 아무도 신청하지 않음. 바그너와 코지마는 트립셴을 떠나 바이로이트로 이사함.

1873년 잦은 발병에 고통받음. 제1권 『반시대적 고찰. 다비트 슈트라우스, 고백자이며 저술가』. 제2권 『반시대적 고찰. 역사의 장

단점에 관해서』집필(1874년에 출간). 단편『그리스 비극 시대의 철학』(유고로 처음 출간됨). 바이로이트 기금 모금을 위한 '독일인에 대한 호소문'을 작성하나 너무 과격하다며 거부당함. 크리스마스와 신년을 나움부르크에서 보냄.

1874년 다비트 프리드리히 슈트라우스 사망. 바그너는 〈니벨룽의 반지〉 전편을 완성하고 니체에게 여름을 바이로이트에서 보내자고 제안함. 여학생의 박사과정 등록을 허용해야 할지의 여부를 묻는 투표에서 찬성표를 던짐. 여동생이 잠시 바젤에 와서 살림을 도와줌. 바이로이트에서 브람스를 칭찬하는 바람에 바그너의 반감을 불러일으킴. 10월 제3권『반시대적 고찰. 교육자로서의 쇼펜하우어』출간. 크리스마스와 신년을 나움부르크에서 보냄.

1875년 건강이 좋지 않음에도 계속 강단에 섬. 여동생 엘리자베트가 바젤로 와서 집안일을 도와주며 니체를 돌봐줌. 10월 음악가 페터 가스트(본명 하인리히 쾨젤리츠)를 알게 됨. 겨울 동안 건강이 극도로 악화됨.

1876년 2월 파울 레와의 교제가 시작됨. 바이로이트 축제 개막일에 맞춰『바이로이트의 리하르트 바그너』출간. 바이로이트를 떠나『인간적인 너무나 인간적인』집필 시작함. 루이제 오트와 연애 감정을 느낌. 마틸데 트람페다흐에게 갑작스럽게 청혼하지만 거절당함. 1년 동안의 휴가를 신청해 1876년 겨울 학기부터 허락받음. 8월 최초의 바이로이트 축제극에 갔지만 바그녀 숭배 분위기를 견디지 못하고 도중에 그곳을 떠남. 바그너가 『반시대적 고찰』 제4권에 열광하지만 마음속으로 결별을 생각함. 9월 심리학자 파울 레와 친교가 시작됨. 병이 심각해짐. 10월 바젤 대학으로부터 병가를 얻어 제노바로 가서 처음으로 바다를 봄. 파울 레, 말비다 폰 마이젠부크와 함께 소렌토에서 겨울을 보냄. 볼테르, 몽테뉴의 책을 읽음. 바그너와 마지막으로 만남. 10월~11월 소렌토에서 바그너와 마지막으로 함께함. 12월 자신의 이론이 쇼펜하우어의 이론과 차이가 있음을 깨달음.

1877년 니체가 교수직을 그만두려 하자 친구들이 만류함. 소렌토에서 5월 초까지 있다가 카프리, 폼페이, 헤르클라네움 방문. 오토 아이저 박사에게 건강진단을 받고 눈 상태가 심각하니 앞으로 몇 년 동안 읽고 쓰는 것을 금지함. 바그너는 아이저 박사의 진단을 전해 듣고 '방탕하고 무절제한 생활' 때문일 거라면서 니체에게 남색 성향이 있음을 암시하는 편지를 씀. 니체는 나중에(1883년 무렵) 이 사실을 알고 치명적인 모독으로 느낌. 엘리자베트에게는 집안일을, 페터 가스트에게는 대필을 맡기며 가을부터 강의를 다시 시작함.

1876~1878년 『인간적인 너무나 인간적인』 제1부를 읽은 바그너가 니체와 결별함.

1878년 1월 3일 바그너가 〈파르지팔〉 대본을 니체에게 보냄. 하지만 두 사람은 서로의 작품을 좋지 않게 여김. 특히 바그너는 《바이로이트 특보》에서 니체를 비난함. 엘리자베트는 나움베르크로 돌아가고, 니체는 오버베크 부부와 가깝게 지냄. 5월 『인간적인 너무나 인간적인』을 증정하며 바그너에게 마지막으로 편지를 보냄. 바그너는 이 책에 경악을 금치 못하고 친구 로데도 이 책을 거부함. 6월 여동생과 같이 사는 것을 그만두고 혼자 바젤 시 교외로 이사감. 니체는 자신을 신랄하게 비판함. 몹시 아픔.

1879년 병이 심해져 바젤대학 교수직 사임(5월). 연금으로 6년간 3천 스위스프랑을 받음(나중에 기간이 연장됨). 방랑 생활이 시작됨. 118일간 두통에 시달렸다고 기록됨. 나움부르크로 돌아가 정원사가 되기로 함.

1880년 『아침놀』 집필 시작. 『방랑자와 그의 그림자』, 『인간적인 너무나 인간적인』 제2부 출간. 3월~6월 페터 가스터와 휴양하며 처음으로 베네치아에 머물면서 요양함. 11월부터 제노바에서 크리스마스를 보냄. 자연과학 서적을 탐독함. 작품을 위해 의도적으로 고독한 생활을 함.

1881년 레코아로, 코모호, 생모리츠 일대를 여행함. 이 세상에서 몇 년간 사라질 생각을 함. 스피노자와 지적으로 가깝다는 것을 알게 됨. 여름에 실스마리아에서 산책하다가 영원회귀 사상을 구상함. 차라투스트라를 언급하기 시작함. 『아침놀』 출간. 11월 27일 제노바에서 콜럼버스에게 동질감을 느낌. 처음으로 비제의 오페라 『카르멘』을 봄.

1882년 파울 레와 모나코의 카지노를 방문함. 레는 큰돈을 잃음. 『즐거운 지식』 집필. 메시나를 여행하며 「메시나의 전원시」를 씀. 3월 시칠리아 여행. 4월~11월 로마에서 루 살로메와 교제, 이후 로마와 취리히에서 두 차례 청혼하지만 거절당함. 루 살로메는 니체, 파울 레에게 세 사람이 동거하는 '성스럽지 못한 삼위일체' 계획을 제안함. 바젤에서 세 사람이 유명한 사진을 찍음. 니체는 트립셴으로 루를 데려감. 루에게 영원회귀 사상을 이야기함. 루 살로메와 여동생의 다툼. 어머니, 여동생과 의절함. 파리에서 함께 살기로 한 '성스럽지 못한 삼위일체' 계획은 루와 레가 니체를 따돌리고 달아나서 무산됨. 좌절감에 니체는 고통을 잊기 위해 모르핀을 복용하고 편지에서 자살을 언급함. 11월부터 라팔로에서 겨울을 보냄.

1883년 2월 라팔로에서 『차라투스트라는 이렇게 말했다』 제1부 출간. 2월 13일 바그너가 베네치아에서 사망함. 한동안 가족과의 관계를 끊었다가 5월 로마에서 여동생과 화해함. 『차라투스트라는 이렇게 말했다』 제2부, 제3부를 실스마리아와 니스에서 완성함. 엘리자베트는 반유대주의 선동가인 베른하르트 푀르스타와 약혼 계획을 알림. 11월 병세가 심해짐. 12월부터 니스에서 첫겨울 보냄.

1884년 『선악의 저편』 집필 시작. 1월 니스에서 『차라투스트라는 이렇게 말했다』 제3부 출간. 책이 팔리지 않아 출판업자와 갈등을 겪음. 메타 폰 잘리스, 레사 폰 시른호퍼와 만남. 자신을 폴란드 귀족 혈통이라고 믿음. 3월 여동생의 반유대주의 때문에 다시 갈등을 겪음. 『차라투스트라는 이렇게 말했다』 제4부를 쓰기 시작함. 8월 하인리히 폰 슈타인이 실스마리아로 니체를 방문. 11월부터 다음 해 2월까지 망톤과 니스에서 『차라투스트라』 제4부 집필. 여동생이 반유대주의자이자 바그너 숭배자인 푀르스터와 약혼을 결정하자 둘 사이의 관계가 다시 악화함.

1885년 『차라투스트라는 이렇게 말했다』 제4부 자비로 출간. 실스마리아에서 여름을 보내며 『힘에의 의지』 구상. 5월 22일 여동생이 푀르스터와 결혼하나 결혼식에 참석하지 않음. 출판업자 슈마이츠너가 파산 직전까지 가자 니체는 새로운 출판사를 찾으며 '반유대주의자들의 소굴'에서 벗어나려고 한다.

1886년 작곡가 프란츠 리스트가 바이로이트에서 사망함. 엘리자베트와 푀르스터는 파라과이로 가서 '순수한 아리아인 혈통'의 식민지 '누에바 게르마니아'를 건설함. 자신의 작품을 최초로 출간한 프리취와 다시 손잡음. 지금까지 나온 자신의 저서의 서문을 새로 씀. 5월~6월 라이프치히에서 에르빈 로데와 마지막으로 만남. 6월 『선악의 저편』 자비로 출간. 로데가 유치하고 미흡하다며 악평함.

1887년 니스에서 지진을 경험함. 프랑스어로 번역된 도스토예프스키의 작품을 읽음. 5월 로데와 절교함. 건강이 악화한 상태에서 6월에 루 살로메와 카를 안드레아스의 결혼 소식을 듣고 우울증에 빠짐. 니체는 루가 써준 시 「삶에 대한 찬가」에 곡을 붙임.

〈파르지팔〉을 듣고 매료됨. 11월 『도덕의 계보학』 출간. 『아침놀』 『즐거운 지식』 증보판 출간. 11월 11일 에르빈 로데에게 마지막 편지를 씀. 11월 26일 게오르크 브란데스와 첫 서신을 주고받음.

1888년 『힘에의 의지』 집필. 여론의 주목을 받는 것에 더 이상 신경 쓰지 않기로 함. 4월 5일에서 6월 5일까지 처음으로 토리노에 머묾. 이 도시를 마음에 들어함. 니체는 마침내 대중의 찬사를 받음. 스트린드베리와 서신 교환. 1880년대에 썼던 시들을 모아 『디오니소스 찬가』라는 제목으로 묶음. 기괴한 내용의 편지를 쓰면서 점차 정신 이상 증세를 보이기 시작함. 5월~8월 『바그너의 경우』 집필. 바그너 추종자들이 이 책에 대해 몹시 분노함. 말비다 폰 마이젠부크도 비판함. 스트린드베리는 이 책을 읽고 열광해 니체에게 편지를 씀. 『디오니소스 송가』 완성. 니체는 자신이 어디서나 존경받는다고 느낌. 8월~9월 『우상의 황혼』 집필. 9월 『반그리스도. 기독교 비판의 시도』, 『바그너의 경우』 출간. 10월~11월 『이 사람을 보라』 집필. 12월 독일 황제 빌헬름 2세에게 보내는 편지 초안을 작성함. 『니체 대 바그너』 집필. 위대한 정치에 대해 공상함. 자신을 사티로스와 어릿광대라고 칭함. 하숙집 여주인이 니체가 나체로 춤추는 것을 목격함.

1889년 1월 3일 이탈리아 토리노의 카를로 알베르트 광장에서 채찍에 맞는 말을 보고 눈물을 흘리며 감싸안다가 발작을 일으킴. 친구 오버베크가 토리노로 가서 "니체는 소파 구석에 쭈그리고 앉아 무언가를 읽고 있었습니다. (……) 그 누구와도 비교할 수 없는 표현의 대가가 제정신이 아니었습니다. 저속한 표현을 쓰면서 기쁨을 표현하고, 괴상한 춤을 추고 요란한 몸짓을 했습니다."라고 보고함. 그는 니체를 바젤로 데려가 정신병원에 입원시킴. 매독균에 의한 진행성 마비로 진단받음. 예나의 정신병원으로 옮겨짐. 1월 24일 『우상의 황혼』이 출간됨. 파라과이에서 여동생 엘리자베트의 남편 푀르스터가 자살함. 엘리자베트는 식민지를 유지하려고 분투함. 『우상의 황혼』 『니체 대 바그너』 『이 사람을 보라』 출간.

1890년 어머니가 니체를 나움부르크로 데려가서 돌봄. 정신병 증세와 진행성 마비가 더 심해짐. 판단력과 언어능력을 상실함.

1894년 여동생이 니체 전집을 편찬하기 위해 니체 문서 보관소 설립.

1896년 유럽을 휩쓴 아방가르드의 열기로 그의 저서가 주목받기 시작함. 작곡가 리하르트 슈트라우스가 『차라투스트라는 이렇게 말했다』를 교향시로 만들어 초연함.

1897년 4월 20일에 어머니 사망함. 여동생이 니체를 바이마르의 빌라 질버블리크로 데려가서 문서 보관소를 세움. 아우구스트 호르네퍼가 니체를 마지막으로 방문해서 "눈이 풀리고 몸은 늘어진 채 사지를 비틀면서 힘없이 어린아이처럼 누워 있었지만, 그의 개성에서 발산되는 마법의 기운은 여전했다. 그의 모습에서는 당당함이 느껴지기도 했는데, 다른 사람에게서는 이런 분위기를 느껴본 적이 없었다."라고 보고함.

1900년 8월 25일 바이마르에서 사망. 고향 뢰켄의 가족묘에 안장됨.

1901년 엘리자베트가 니체의 유고를 임의로 편집하여 『힘에의 의지』 초판을 발간함.

1904년 엘리자베트가 『힘에의 의지』 내용을 대폭 늘려서 '결정판'을 출간함.

1908년 『이 사람을 보라』가 출간됨. 엘리자베트에게 불리한 내용은 삭제됨.

1919년 열정적 나치 당원으로 엘리자베트의 사촌인 막스 욀러가 니체 문서 보관소의 책임자로 임명됨.

1932년 무솔리니의 열렬한 추종자가 된 엘리자베트는 그가 공동 집필한 「5월의 광장」을 바이마르 국립극장에서 상용하도록 추진함. 이 공연에서 히틀러와 엘리자베트가 만남.

1933년 히틀러가 니체 문서 보관소를 방문하고 엘리자베트는 니체의 지팡이를 선물함.

1934년 히틀러가 알베르트 슈페어와 함께 문서 보관소를 방문해 니체 흉상을 바라보는 사진을 찍음.

1935년 엘리자베트 니체 사망. 히틀러가 장례식에 참석하여 화환을 내려놓음. 엘리자베트는 가족묘의 가운데 자리에 안치됨.

니체의 위대한 자유

초판 1쇄 인쇄 2024년 8월 23일
초판 1쇄 발행 2024년 8월 29일

지은이 프리드리히 니체
엮은이 우르줄라 미헬스 벤츠
옮긴이 홍성광
기 획 민병일

펴낸이 정중모
펴낸곳 도서출판 열림원
출판등록 1980년 5월 19일(제406-2000-000204호)
주소 경기도 파주시 회동길 152
전화 031-955-0700
팩스 031-955-0661   페이스북 /yolimwon
홈페이지 www.yolimwon.com   트위터 @yolimwon
이메일 editor@yolimwon.com   인스타그램 @yolimwon

기획실 정재우
책임편집 김혜원   온라인사업 서명희
편집 박지혜 김은혜 정소영   제작 윤준수
디자인 강희철   영업관리 고은정
마케팅 홍보 김선규 고다희   회계 홍수진

ISBN 979-11-7040-282-4 03190